温州市社会科学学术著作出版资金资助出版

《温州学术文库》
编辑指导委员会

温州学术文库
Wenzhou academic library

黄云碧 · 著

温州高职教育与区域产业协同发展研究

上海社会科学院出版社

总　序

温州传统文化底蕴非常深厚。数千年来，勤劳智慧的温州人在这方热土生生不息，创造了独具特色的瓯越文化，在中华文明史上谱写了精彩篇章。

瓯越文化蕴含宝贵的思想精髓和价值观，既是温州发展进步的内在动力，也是温州充满活力和创造力的重要源泉。改革开放以来，温州之所以能够创造举世瞩目的“温州模式”，跟独特的瓯越文化有着深刻的、内在的渊源联系，是传统优秀文化基因在这个伟大时代萌芽、生长、灿烂的必然结果。

保持瓯越文化的生命力和持久影响力，是当代温州人肩负的历史使命。要进一步增强文化自信和文化自觉，高度重视瓯越文化的挖掘研究、保护传承和发扬光大，以文载道、以文化人，努力让文化显示出比资本更强大的正能量，让经济社会发展折射出更鲜明的文化品格，从而使温州焕发出迷人的文化魅力和强大的文化软实力。

《温州文化丛书》和《温州学术文库》的编撰和出版，是研究和弘扬瓯越文化的重要成果，凝结着温州社会科学界专家学者的智慧和心血，必将有助于人们更好地了解温州、研究温州、宣传温州。

中共浙江省委常委、温州市委书记 陈一新

2015 年 7 月 16 日

前　言

2014 年 6 月 23 日，全国职业教育工作大会在北京召开，中共中央总书记、国家主席习近平就加快职业教育发展作出重要指示，明确指出："职业教育要牢牢把握服务发展、促进就业的办学方向，深化体制机制改革，创新各层次各类型职业教育模式，坚持产教融合、校企合作，坚持工学结合、知行合一，引导社会各界特别是行业企业积极支持职业教育，努力建设中国特色职业教育体系。"高职教育是我国职业教育体系的重要组成部分，担负着培养数以亿计高素质劳动者和数以千万计专门人才的重要任务，是国民经济和社会发展的重要基础。与其他教育类型相比，高职教育最大的特点就是它直接与经济生产相结合，其目的是通过对劳动者职业素质的培养来提高劳动生产率。近年来，以信息技术、新能源技术、新材料技术、生物技术、空间技术和海洋技术等诸多领域的技术革命，不仅极大地推动了人类社会经济、政治、文化领域的变革，而且也影响了人类生活方式和思维方式，使人类社会生活和人的现代化向更高境界发展。为此，世界上主要发达国家都随着产业转型升级的浪潮将高等职业教育推进到了新的境地，高职教育在推动产业转型升级过程中发挥着越来越重要的作用。

如今，温州正处于加快转变经济发展方式、推进经济转型升级的关键时期，转变经济增长方式，推进产业结构优化升级是温州经济和社会发展进程中的一项长期任务。但在温州产业转型升级的过程中，存在较严重的高技能人才需求与供给失衡的现状，这不仅体现在高技能人才数量的短缺，更表现为结构上的不匹配。本书从温州经济与社会发展实际出发，系统研究了温州高职教育与区域产业发展的协同关系，力求通过搜集、整理、分析1999年以来温州高职教育发展、经济增长、产业发展等相关数据，评价和研究温州高职教育与区域产业发展的协同程度，对数据分析结果提出相应的政策建议，为政府、企业制定人才发展战略提供参考，研究成果同时对缓解或避免区域高技能人才“用工荒”等问题也有一定的指导意义。

全书共六章，每章的主要内容如下：

第一章，绪论。主要说明研究的问题及其背景，介绍研究的意义、目标，研究的基本方法和思路，文章的基本框架等，对国内外有关高职教育对经济增长和产业发展贡献的研究进行较为系统的述评，并对研究中可能的创新和不足进行描述。

第二章，相关概念及其理论应用。首先对高职教育和产业的概念进行界定，简要介绍了高职教育的基本特征及产业内涵；其次，对国内外教育经济领域的主要理论进行介绍，包括三螺旋理论、人力资本理论、柯布—道格拉斯生产函数、可持续发展理论、教育内外部规律理论等；再次，分析了高职教育与区域产业发展之间的互动关系，对高职教育促进区域产业发展的路径进行了讨论。

第三章，温州高职教育与区域产业的发展现状及问题。主要回顾了1999年以来温州高职教育的发展历程和温州区域产业的演变轨迹，通过历史数据的梳理比照，归纳出温州高职教育和产业发展所获得的巨大成就，分析温州高职教育与区域产业协同发展的有效性。最后，本章点出在温州经济与产业转型升级过程中，高职教育发展中面临的一些主要问题，这为温州下一步改革高职教育教学、提高高职教育质量指明了方向。

第四章，温州高职教育与区域产业协同发展实证分析。在第二、三章理论思辨的基础上，本章借鉴模糊积分方法和产业结构变动模式，进一步对温州高职教育与区域产业协同程度进行实证分析，计算出高职教育对温州区域经济增长的贡献率，深入挖掘实证结果所蕴含的政策价值。

第五章，温州高职教育与区域产业协同发展的应对策略。实证研究的结果显示，1999 年以来温州高职教育对经济增长、产业发展的贡献率要大于普通高等教育。因此，在温州经济发展呈现新常态的战略机遇期，需要多方面政策的共同努力，进一步提高高职教育对温州区域经济与产业发展的影响。本章主要从专业结构、层次结构、形式结构、布局结构四个方面，提出政策建议，有效促进温州高职教育与区域产业的协同发展。

第六章，高职教育与区域产业协同发展的示范案例。作为国家示范建设院校，温州职业技术学院为温州的经济建设和产业转型发展培养了大量的高素质应用性职业人才，学院的《高职院校人才培养方案整体设计的创新与实践——以三个三结合为实施路径》《“多元结合、分层递进”的高职院校制造大类专业实践教学体系的创建与实施》双双荣获 2014 年国家职业教育教学成果一等奖，本章将有针对性地选择温州职业技术学院的专业建设成果提炼成示范案例，推广高职院校改革创新的经验，增强高职教育服务区域产业发展的能力。

黄云碧

二〇一五年八月

于温州皮坊巷

目　录

第一章 绪 论

第一节 研究缘起

自1999年全国教育工作会议提出了“大力发展高等职业教育”以来，我国高职教育进入了蓬勃发展阶段，党中央、国务院把大力发展高职教育作为繁荣经济、促进就业、消除贫困、保障公平、维护稳定的一项重要举措，作为经济社会发展的重要基础和教育工作的战略重点，采取了一系列强有力的措施，推动高职教育改革发展。2014年6月23日，全国高职教育工作大会在北京召开，习近平就加快高职教育发展作出重要指示。他强调，高职教育是国民教育体系和人力资源开发的重要组成部分，是广大青年打开通往成功成才大门的重要途径，肩负着培养多样化人才、传承技术技能、促进就业创业的重要职责，必须高度重视、加快发展。习近平要求各级党委和政府要把加快发展现代高职教育摆在更加突出的位置，更好支持和帮助高职教育发展，为实现“两个一百年”奋斗目标和中华民族伟大复兴的中国梦提供坚实的人才保障。

国务院总理李克强在全国高职教育工作会议上，向全国高职教育工作者和关心支持高职教育发展的各界人士表示感谢。他表示，改革开放以来，我国高职教育取得了长足发展，培养了大规模的技能人才，为经济发展、促进就业和改善民生作出了不可替代的贡献。李克强要求，要用改革的办法把高职教育办好做大。

统筹发挥好政府和市场作用，既要加大政府支持，又要通过政府购买服务等方式，更多促进社会力量参与，形成多元化的高职教育发展格局。要走校企结合、产教融合、突出实战和应用的办学路子，依托企业、贴近需求，建设和加强教学实训基地，打造具有鲜明职教特点、教练型的师资队伍。各级党委和政府要采取各种措施，关心和帮助高职教育工作者，推动社会各方形成合力，让现代高职教育助推经济社会取得更大更好发展。

2014 年 6 月，我国《现代高职教育体系建设规划（2014—2020年)》和《国务院关于加快发展现代高职教育的决定》出台，标志着发展现代高职教育的顶层设计已经完成，推动高职教育改革创新的大政方针已经明确，关键就在落实。

党中央、国务院为什么如此重视高职教育？一个肯定的答案是：高职教育是推动我国当前的经济、社会发展的重要动力，“综观发达国家和发展中国家的发展轨迹，教育与经济的协调发展呈现出一个明显的特征：工业化初期，教育需求首先是普及义务教育；工业化中期，人均 GDP 达到 3 000—10 000 美元，是重化工业大发展的时期，教育需求主要是高职教育；工业化后期，教育需求主要是高等教育”。当前，我国人均 GDP 已经超过 3 000 美元，正处在从人力资源大国迈向人力资源强国的工业化中期阶段，这个阶段的人才需求主要依靠高职教育来供给，高职教育对经济增长、产业发展具有至关重要的作用。

温州是我国民营经济的发祥地，长期以来对人才的需求持续增长。现如今，温州正处于加快转变经济发展方式、推进经济转型升级的关键时期，经济和社会发展将更多地依靠科技进步和提升劳动者素质。尤其是在 2008 年金融危机之后，以温州为代表的东部沿海发达地区面临着产业转型升级，面临着新一轮的转型升级。在这个过程中，存在着较严重的人才需求与供给失衡，这不仅体现在人才数量的短缺，更表现为结构上的不匹配。结合温州区域经济社会的发展来看，“十二五”期间，温州产业结构正经历着由低级向高级发展的过程，此阶段典型的特征为技术、知识日益取代资本成为生产要素构成中最重要的因素，技术密集、知识密集的高技术产业日益兴起。从生产要素构成角度来看，产业结构的升级变化过程表现为整个产业的重心从劳动密集型产业向资本密集型产业，再向技术和知识密集型产业转移的过程。根据后发优势理论，经济欠发达国家与地区有效利用资源、创新、机遇、政策等优势，可以获取更佳的经济效益和更高的经济增长速度，实现和先进国家及地区的经济趋同化，甚至超越先进国家和地区的经济发展水平，实现跨越式发展。

区域人力资本是落后地区赢得后发优势，实现区域经济协同发展的直接推动力。高职教育具有高教性、职业性、区域性等六大显著特征，是区域产业发展、技术创新、劳动者素质提高的主要依托。温州区域产业结构的持续升级必然要求高职教育动态优化并与之协同匹配。高职教育是我国高等教育体系的重要组成部分，积极探索高职教育与温州区域经济协同发展、互动支持机制，实现高职教育与温州区域产业发展的动态对接，促使高职教育更好地为温州区域经济服务，这不仅是温州区域产业结构转型升级战略需要，也是高等教育职业改革的现实需要。然而现有的理论研究集中在高等教育与经济增长的关系方面，对高职教育如何动态对接区域产业发展研究并不多见，温州高职教育与区域产业发展的协同发展已经成为一个关乎温州社会和经济发展的不容忽视的实践与理论课题。

第二节 研究思路与方法

本书研究的基本思路是，借鉴人力资本理论、新经济增长理论、教育经济学理论、马克思主义政治经济学理论、高等教育学理论等基础理论的研究视角和分析框架，综合运用定量分析和定性分析的方法，研究温州高职教育与产业发展的协同关系，通过数据的整理和分析，对温州产业发展和高职教育进行实证研究，并在此基础上，就如何实现温州高职教育与区域产业良性互动，协同发展提出相应政策建议。研究技术线路如图 1.1。

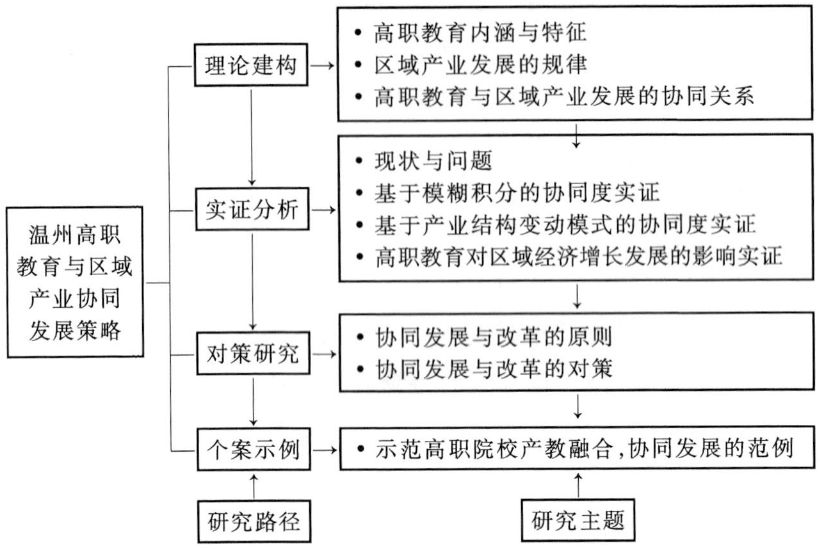

图 1.1　研究技术线路

辩证唯物主义和历史唯物主义是科学的世界观和方法论，是研究教育与经济现象的根本方法。本书将辩证唯物主义和历史唯物主义的方法贯穿始终，具体采用了以下研究方法：

第一，定性研究与定量研究的综合运用。在社会科学研究领域里，经常会采用定性研究方法对某一问题进行探讨和论证，研究高职教育也不例外，可以运用抽象和归纳推理的方法，对高职教育如何支持区域产业发展进行论述。同时，研究高职教育与区域产业协同度的问题是经济学和管理与科学工程领域的研究课题，因此，综合运用定量分析，通过对数据统计并运用计量手段进行分析，也是本书的一个重要方法。本书中，用数学计量的方法研究高职教育对经济发展和产业发展的贡献，通过运用经济计量学的相关经济模型、计算公式和量化指标，以论述和说明温州高职教育对经济增长贡献率、温州高职教育与产业发展之间的协同关系。对于高职教育与经济、产业之间相互关系，既要揭示它们的本质，又要了解它们在数量上的变化的相互关系，因此在本书研究中将定量研究和定性研究有机结合起来，试图能准确地评价温州高职教育对经济增长和产业发展的协同关系。

第二，调查和统计的方法。唯物辩证法认为，世界上所有事物都是质与量的对立统一，调查和统计是在质与量的统一中，从数量方面认识事物的科学方法，它通过对调查统计资料收集、整理和分析这三个相互联系的步骤，来反映事物的发展状况，揭示事物的发展规律。本书根据研究的内容，搜集有关温州高职教育发展、经济增长、产业发展、投资增长、人力资本增长等方面的统计数据，以及国际上主要国家的相关调查统计资料，然后从大量的资料中进行数据整理分析，经过计算和比较，最后进行理论概括；同时通过各种渠道查阅各国在产业转型升级过程中与高技能人才培养耦合的事实材料和相关学者的研究结论，从中进行理论分析和研究，总结和梳理高技能人才培养与产业转型升级的相互关系，从而为温州高职教育的发展与改革提供现实依据。

第三，比较研究方法。这是教育、经济、管理领域常用的研究方法。本书使用这种方法主要进行不同地区高职教育与产业发展协同度的比较、温州不同时期产业发展与高职教育协同度的比较。通过比较，分析和梳理世界各国及我国产业发展和结构转型升级的历程，总结共性特征和个性差异，在此基础上分析出高职教育在产业转型升级进程中的角色、功能与改革的要素，总结和归纳发达国家和地区在这个进程中高职教育的改革经验，为我们提供经验借鉴。

第三节 主要内容和研究框架

温州正处于加快转变经济发展方式、推进经济转型升级的关键时期，转变经济增长方式、推进产业结构优化升级是温州经济和社会发展进程中的一项长期任务。但在温州产业转型升级的过程中，存在较严重的高技能人才需求与供给失衡的现状，这不仅体现在高技能人才数量的短缺，更表现为结构上的不匹配。研究假设如下：

第一，随着工业化进程的不断推进，经济结构调整和产业优化升级势在必行，凝聚知识和技术载体的人力资本，特别是高技能人才对经济社会发展的贡献率越来越大，产业结构的调整必须要有相应的技能人才队伍来支撑。

第二，在新常态下，经济增长方式的转变和产业转型升级的最大制约不仅是技术整体落后，自主创新与技术储备不足，关键设备制造能力差，产业体系薄弱，更是缺乏一支懂生产、能使用现代生产工具、运用先进生产技术的高技能人才队伍。

第三，产业转型升级对高技能人才培养提出了新问题、新要求。一是大规模集群式产业转型升级，需要培养大批高技能型人才；二是产业转型升级促进产业结构调整，需要调适优化专业结构；三是产业转型升级推进自主创新升级，需要提升人才培养质量。

第四，在产业转型升级进程中，教育与经济的紧密关系大大超过以往任何时期，高职教育更是直接融入该进程之中。高职教育满足了产业转型升级对高技能人才不断提升技能和技能的频繁转换需求对供应驱动的职业教育发展模式的挑战；满足多种职业技能为核心的高技能人才综合素质要求对传统技术教育人才培养模式的挑战。

基于以上研究假设，本书从温州经济与社会发展实际出发，系统研究了温州高职教育与区域产业发展的协同关系，力求能通过搜集、整理、分析1999年以来温州高职教育发展、经济增长、产业发展等相关数据，评价和研究温州高职教育与区域产业发展的协同程度，在数据分析结果提出相应的政策建议，为政府、企业制定人才发展战略提供依据参考，研究成果同时对缓解或避免区域高技能人才“用工荒”等问题也有一定的指导意义。全书共分为六章。

第四节　国内外相关研究述评

一、国外学者研究成果及述评

（一）国外关于教育影响经济和产业发展的定性研究

国外关于教育对经济和产业发展的研究在很早就有，它由最初的思想萌芽到现在形成教育经济与管理这一相对独立的学科，走过了几百年的历程。教育对经济和产业发展的影响以前并不被研究者重视，在传统的农耕社会中，由于教育对经济增长的作用不是十分明显，教育投入被视为一种纯消费性行为。当然，也有少数思想家在阐述教育的功能时对其经济意义作过描述，如柏拉图曾说：“在生产工艺中有两个部分，其中之一与知识关系更为密切。”

资本主义的第一次产业革命后，教育与生产活动的普遍结合，其重要性越来越得到学者的重视，经济学家开始着手就教育投入问题进行专门研究。最早正视教育投入和贡献问题的英国古典经济学创始人威廉·配第在其代表作《政治算术》（1676）等书中提出，“劳动创造价值。复杂劳动比简单劳动可以创造更多的价值”，并明确指出，“人们掌握的技艺是除了土地、资本、劳动之外的又一种生产要素，而要想获得这种技艺就需要接受培训或者教育，举办培训和教育则需要一定的人力、物力和资金的投入”。

英国古典政治经济学奠基人亚当·斯密将这一思想发扬光大。亚当·斯密在《关于国民财富的原因与性质研究》（1776）等著作中阐述了自己的观点，他认为：“资本的累积、就业人口的增长和技术的进步是促使经济增长的三大要素，其中资本是经济增长的主要因素，但技术的进步也是经济增长的必要因素，劳动者的知识、经验和能力的增长能很大程度地提高工作效率，在同等情况下生产更多的产品。劳动者要掌握知识或技术，则须受教育，须进学校，须做学徒，在这一过程中固然要花一笔费用，但这种费用可以得到偿还，同时得到利润。”亚当·斯密的精彩论述将教育的支出看作一种可以获取利益，得到回报的投入。这实质上已经初步形成了人力资本的概念。

进入 19 世纪后，德国历史学派的先驱李斯特和英国剑桥学派创始人马歇尔对教育的经济功能有了更深入的认识。李斯特认为，“培养和促进教育、科学、艺术的人的精神劳动具有生产性”，并明确指出，“教育在社会生产发展中的重要作用”。马歇尔也在《经济学原理》一书中多次强调教育对经济发展的重要性，主张“在重视土地、资本、劳动力等经济要素的投入时，更应该加大对教育的支持”；他认为：“经济的发展和劳动生产率的提高离不开两种能力，即普通能力和专门能力。前者是某一时代的劳动者必须掌握的，后者是为适应某一职业所需具备的熟练技术或知识能力，但这两种能力的提高关键都在教育。”此外，值得一提的是马歇尔明确提出“教育是国家投资”的观点，且认为，“用于人的教育的投资，是最有效的投资，对教育的投资可以得到很大的回报”。

卡尔·马克思在《资本论》中提出，“教育可以促进社会财富的创造，可以推动社会进步，此外，教育还会生产劳动能力。”马克思关于教育对经济增长的贡献，更多的还是停留在教育作为上层建筑对经济基础的反作用这一比较笼统的表述上，在他后面的著述中，并没有将这种思想进行更为深入的讨论和描述。

20 世纪 70 年代以后，由于信息经济学的产生和迅速发展，研究者慢慢将该学科中的新思想和新方法引入到教育经济学领域，诺贝尔经济学奖得主彭斯就是其中之一。彭斯于 1973 年提出了“教育甄别假说”，表面上似乎是否定人力资本的存在，但归根结底，它是指出了教育促进经济增长的又一条途径，即通过改善社会人力资源的合理配置来推动经济增长。此外，从个人角度来看，教育的甄别作用同时也能提高劳动生产率。

不仅是信息经济学的相关理论被应用到教育经济学的研究中，国际贸易理论也在 1980 年代被运用到教育对经济增长贡献的研究中。研究者发现，教育也有类似于出口的性质，它不仅可以直接形成人力资本，还能通过多种渠道促进其他部门的生产，如提高子女的品质、提高家庭内部劳务生产的生产率、改善受教育者本人及其配偶和家庭成员的健康状况、提高消费者选择效率、降低犯罪率、促进技术进步与传播、促进社会民主化进程等。在这种教育外溢效应论的支持者看来，教育部门对其他部门产生的外溢效应甚至可以与教育本身所生产的人力资本媲美，二者的作用不分上下。

从 1980 年代中期开始，以著名经济学家保罗·罗默和卢卡斯为代表，新增长理论开始迈入高速发展时期。新增长理论认为：知识积累和其引起的内生技术进步是经济增长的主要源泉。在罗默的知识溢出模型、斯托齐的干中学模型中，教育对技术进步，研究开发和技术扩散都发挥着最为基础性的作用，从而最终影响了经济增长。不同的国家处于不同的经济发展阶段，它们的人力资本尽管都对经济增长产生促进作用，但它们各自的人力资本却具有不同的内涵。西方学者在度量人力资本时，普遍采用劳动人口中的受教育程度这一指标，借以在教育与经济增长之间建立数量计算关系。

（二）国外关于教育影响经济和产业发展的定量研究

基于教育能促进经济和产业发展的认识，18 世纪到 20 世纪的经济学家试图从数学的角度就教育对经济和产业的发展进行定量分析，英国、美国和苏联的经济学家在这方面作了比较多的探索。尽管他们采用的计量方式和框架各异，但最终的结果都显示：教育确实能促进经济和产业的发展。1950 年代后期，伴随计算机技术的出现和推广应用，教育与经济之间的关系，也得到了更多经济学家的关注，研究结果也有了突破性的进展。

经济学家在研究中发现，劳动力和资本的增加只能解释一个国家经济增长的一部分，另外一部分则无法得到说明和解释，这一部分即现在所说的“残值”。针对这一“残值”，外生技术决定理论的代表人物索洛提出了新古典增长理论。索洛在使用生产方程研究投入与产出的关系时，对资本和劳动力这些传统生产要素无法解释那部分残余的贡献量，提出技术进步是产生这一残余的最终原因。实际上，这间接指出了教育对经济增长的贡献。

索洛模型突破了资本积累论的局限性，提出经济长期均衡增长取决于人口增长率这个外生变量，而它的缺陷是假设了技术进步外生，没有对引起外生技术进步因子变化的原因进行分析。针对索洛模型的缺陷，尤其是无法解释的影响经济增长的技术进步因素，阿罗、罗默、舒尔茨、卢卡斯等从不同的角度完善了技术，进步内生化经济增长理论，现在人们将之统称为新经济增长理论。

关于教育对经济增长的一系列理论中，舒尔茨的研究堪称最为经典，其在这一领域的研究开创了一套新的理论“人力资本理论”。1979 年诺贝尔经济学奖的授予也是对其贡献的充分肯定。在1960年美国经济学年会上，舒尔茨以《论人力资本投资》为题，发表了精彩演说，系统而深刻地阐述了人力资本理论的基本观点，开创了人力资本研究的崭新领域。他指出人力资本存在于人的身上，表现为知识、技能、体力（健康状况）价值的总和，要想形成人力资本，则同样需要投资，其中教育投入是一个重要方面。他明确提出，包括教育投入在内的人力资本投资是经济增长的主要源泉。他研究了1929—1957年美国教育投资与经济增长之间的关系，并作了定量分析，结果显示：对各级教育的投资的平均收益率是17%，教育投资增长的收益约占劳动收入增长的70%，教育投资增长的收益占国民收入增长的33%。根据分析结果，他得出令人振奋的结论：人力资本投资是回报率最高的一种投资。

在阐述教育对经济增长的贡献方面，舒尔茨的主要贡献表现在以下几个方面：

1. 明确提出了“人力资本”的概念，并且界定了人力资本的内涵和外延。他将人力资本定义为体现在人身上的，可以被用来提供未来收入的一种资本（即能够带来比投入时更多的收入），它与传统的物质资本具有不同的实现价值增值的载体，通过劳动者的劳动来实现其价值。

2. 从宏观视角出发，首次提出教育是经济增长的源泉，是缩小收入差别的重要手段。教育可以促进经济增长，可以增加个人收入，从而使社会中个人收入分配不平等的现象趋于减少。

3. 创新了教育对经济增长贡献的研究方法。他把资本分成物质资本和人力资本两大部分，通过计算一定时期内因教育水平提高而增加的人力资本存量和人力资本收益，进而测量教育的经济贡献。

舒尔茨之后，加里·贝克和丹尼森为代表的学者沿着舒尔茨的人力资本理论进行思考，贝克修补和深化了舒尔茨教育人力资本的观点，在他的代表作《人力资本》中，贝克提出对劳动力进行培训是形成人力资本的重要过程，进而指出非专业技能的教育和培训成本应该由劳动力的雇主来承担，而专业技能的教育和培训费用则应由劳动力自己来承担。

丹尼森的研究思路有所创新，他通过对历史资料进行统计分析，力图列举出导致经济增长的各种因素。丹尼森将经济增长因素归结为两方面：一方面是总投入的增加，一方面是单位投入的产出的增加。其中，前者又可细分为劳动、资本和土地三者投入的增加，其中劳动投入量的界定可以从从业人数、工作时间、从业人员的受教育程度等方面进行考察；后者单位投入的产出的增长大致由资源配置的改善，市场扩大造成的规模经济，知识尤其是科技进步等几方面因素引致。在此基础上，丹尼森分别算出了各种因素对国民收入年平均增长率所做的贡献比率，然后比较各因素之间的相对作用。在计算教育程度提高对国民收入增长的贡献时，丹尼森将教育程度的提高归入人力资本投入量增加的范畴，他把教育水平的提高看成引致人力资本质量提高的重要因素，从而其也是引致经济增长的主要因素之一。最终计量结果也显示，美国1922—1957年间的经济增长有20%应该归功于教育。

巴罗1992年对98个国家1960—1985年间的入学率与人均GDP的增长率之间的关系作了多项回归分析，结果显示，一个国家的经济增长率与起始的初等、中等入学率呈现高度正相关关系，相关系数达到0.73。

（三）国外关于高职教育对经济和产业发展的影响研究

关于教育与经济增长、产业发展之间关系的论述，在国外的研究文献中确实不少，也取得了很多成果。但是，具体到高职教育与经济和产业发展增长之间的研究文献，则相对要少许多，尤其是高职教育对经济增长的实证研究则更是比较罕见。美国学者伯纳德·L.温斯坦博士在观察研究西方国家经济社会发展的普遍规律时指出："西方的经验有力证明，一个健全的中等教育和高职教育体系，是一个比高等教育还要关键的因素。"联合国教科文组织国际职业技术教育与培训中心主任罗伯特·麦克林在《面向可持续发展的技术和高职教育与培训》一文中指出："教育是经济社会发展的关键，全民教育和可持续发展教育是所有教育项目的基础，而技术和高职教育与培训在实现世界和平、减轻贫困和可持续发展方面发挥着万能钥的作用。它主要为提高人们的就业能力和技能开发服务，可以通过提高人们的收入水平帮助人们减轻贫困，从而为实现世界和平奠定基础。"

在1960年代，非洲教育问题专家英国经济学家巴洛夫，以发展经济学和人力资本理论为基础，在对非洲一些国家教育促进经济发展战略的分析后指出，"职业教育比普通教育具有更高的投资价值"。但是同一时期美国著名学者福斯特在《发展规划中的职业学校谬误》一文中指出："尽管职业学校的成本大于普通学校，但职业学校并没有产生人们通常预期的效果。高职教育的发展要受到就业机会的制约，而就业机会的创造又来自经济发展本身。"因此他认为，"高职教育只能被动地适应经济发展的需要，而不能主动促进经济的发展"。

随着产业转型升级的浪潮在西方涌现，越来越多的西方学者意识到职业教育，尤其是高等职业教育在推动产业转型升级过程中发挥着越来越重要的作用，学者也将研究视线转移到职业教育如何推动产业转型升级中来，形成了一批具有代表性的研究成果。英国古典经济学创始人威廉·配第最早提出产业结构理论演变规律。在配第研究的基础上，英国经济学家克拉克揭示了以第一产业为主向以第二产业为主、继而向以第三产业为主转变，人均收入变化引起劳动力流动，进而导致产业结构演进的规律。美国经济学家西蒙·库兹涅茨对产业结构的演进规律作了进一步探讨，阐明了劳动力和国民收入在产业间分布变化的一般规律。

二、国内学者研究成果及述评

（一）中国历史上的教育经济思想

在我国古代，很早就有教育经济思想的萌芽，他们认识到发展教育是使经济发展是国家富强的条件之一。从鸦片战争以后，救亡成为中国社会的主题。

维新运动的领导人康有为、梁启超、谭嗣同等人也都认识到，只有发展教育，才能促使国家富强；而教育的落后，则是导致中国软弱被欺的真正原因。20世纪初，资产阶级民主革命运动提出改革教育的主张，孙中山、蔡元培、黄炎培等撰文倡导教育改革，号召兴办实利教育、实业教育、普及教育、职业教育等。

高职教育学家黄炎培认为，随着工业的发展，对高职教育的需求和重视将成为必然，高职教育是解决生计问题的一种根本措施，它在发展生产和解决人们生计方面有不可替代的作用。

我国教育家古梅在中国教育经济学的发展史上占有十分重要的地位，1934年，他发表专著《中国教育之经济观》。在这本专著中，他用经济学的视角和观点深入阐述了中国教育所存在的问题，并首次明确提出了教育经济学的诸多观点。他认为，“教育者应具有经济视角，要重视教育在社会经济发展中的地位和作用，要关心教育成本问题和学生费用问题，要提高教育支出的经济效率以在减小浪费的同时谋求最大限度的经济效果”。古梅还指出，“受教育自身可能也需要具有一定的经济条件，适当承担一定的教育成本，同时办教育都需要根据经济发展现状来把握办学规模，规划办学投入，要量经济之力办学”。古梅的教育思想十分丰富，他的论述构成了中国教育经济学的早期雏形。

（二）现代中国对教育与经济关系的研究

1949年中华人民共和国成立，揭开了中国历史新的一页，经济和教育事业很快得到恢复和发展，尤其是在党的十一届三中全会之后，中国的经济建设和教育事业都迈入了一个新的历史时期。

1978 年，教育被确定为经济和社会发展的战略重点之一，这也为教育经济的研究创造了十分有利的政治环境和社会环境。1977—1979 年三年中，全国各种报刊上发表了大量的关于教育与经济增长之间关系的论文，不仅介绍了国外教育经济学的研究成果，也展现了我国学者在这一领域的研究成果。1980 年 8 月，中央教育科学研究所在北京召开了全国教育经济学研究工作交流会，于光远、许涤新、董纯才等著名经济学家和教育学家共同发出倡导，即在我国创建并完善教育经济学这一新学科。

从十一届三中全会至今，我国关于教育对经济增长贡献的研究，大致可以分为三个阶段：第一阶段是 1978—1985 年，这一时期主要是对教育的经济价值作初步探讨，明确了教育与国民经济有着直接的、密切的、具体的联系。教育在受到经济、政治、文化等因素制约的同时，也会促进社会和经济的发展。

第二阶段是 1985—1992 年，《关于经济体制改革的决定》与《关于教育体制改革的决定》两个重要文件的发布，突破了计划经济与商品经济的对立观点，确认了我国社会主义经济是以公有制为基础上的有计划的商品经济，因此，这一阶段教育经济学的研究，基本上是围绕教育与有计划的商品经济展开。潘懋元教授发表了《引进竞争机制与教育规律的关系》《引进竞争机制重视能力培养》《正确对待商品经济对高职教育的冲击》等一系列文章，预言市场经济改革必定给教育改革带来有利契机，号召教育界一定要正确处理外部规律和内部规律的关系，寻求教育思想和教育发展的新突破。另外薛天祥教授和杨德广教授共同主编的《社会主义初级阶段高等教育》一书，也从不同侧面论述了商品经济与教育发展的关系。

第三阶段是 1992 年至今，党的十四大报告明确提出建立和完善社会主义市场经济体制，党的十六届三中全会审议通过《中共中央关于完善社会主义市场经济体制若干问题的决定》教育经济学的研究视角也相应转变为教育与社会主义市场经济关系的研究，教育经济的研究也越来越深入，视角越来越宽广。

在教育的经济功能方面，学者鲁昕、厉以宁等从不同角度提出了教育对经济发展的重要性，明确指出教育的经济功能。鲁昕（1981）在研究教育与经济、财政的关系时，继承并发扬了马克思关于教育具有经济功能的论述，明确提出教育具有生产性。她指出："教育是从人类社会生产长期发展中分离出来的一个部门，教育劳动是物质资料生产总的结合劳动的一部分；教育会生产劳动能力，生产劳动能力的劳动历来就是生产性劳动，社会要进行再生产必须进行劳动能力的再生产。现代教育的本质更加明显地突出了教育的生产性，只有通过教育生产更高素质的劳动力，才能更好地适应现代经济发展的要求。"厉以宁（1984）强调智力投资的生产性问题，明确提出教育的社会经济功能、能力工资以及知识与技能标准。

在教育经济贡献的计量方面，我国也有不少学者从不同角度进行了实证研究。1980 年代初，中央教科所学者曲祯森借鉴苏联学者的估算方法，以总课时数作为劳动简化尺度，计算出我国 1952—1978 年劳动者教育程度的提高对国民收入增长总额的贡献比例为 20.7%。几乎在同一时期，学者王显润、费贵麟以 1952—1978 年吉林省全民所有制工业企业为数据样本，考察了教育工龄与劳动生产率两者之间的关系。统计发现，19.2%的劳动生产率增长应归功于职工教育水平的提高，进而研究得出，工业总产值年均增长速度 10.1%中，每年约有 0.55%的增长应归功于职工文化教育水平的不断提高。

教育经济学家王善迈 1989 年的实证研究结果显示，1952—1978 年我国教育平均每年使国民收入增长 0.611%，占这期间我国国民收入增长率（5.48%）的9.4%，也就是说，教育对国民经济增长的贡献率为9.4%。王善迈认为，我国当时科学技术欠发达，生产力水平不高，劳动者文化水平比较低，这个9.4%能较好地反映出教育对国民经济增长的贡献水平。

教育经济学家王玉昆1988年借鉴苏联学者的劳动简化法计量了1964—1982年我国教育对经济增长的贡献，结果显示这一时期我国教育对经济增长的贡献率为25.6%，此后，他用同样方法计算出1982—1990年教育对国民收入的贡献额为958亿元，占同期国民收入增长额的25.7%。值得一提的是，王玉昆还在上述研究的基础上，计算了1982—1990年期间我国各级教育对国民收入增长的贡献。计算结果显示，小学、初中、高中的贡献分别是13.9%、8.3%、2.9%，高职教育的贡献是1.6%。崔玉平2001年采用与丹尼森大致相同的方法，研究得出1982—1990年期间我国教育对经济增长率的贡献率是8.84%，其中高职教育的贡献率仅为0.48%，这与王玉昆的研究结果相差较大，主要是因为两者采用了不同的研究方法所致。

在近年对教育贡献的研究中，主要讨论的议题大致可以分为两类：一类是讨论教育对国民经济或区域经济贡献水平的问题；另一类则是讨论教育对个人收入（教育收益或收益率）的影响问题。

关于教育对国民经济的贡献问题，主要研究成果有：郭庆旺和贾俊雪（2009）考察了公共教育支出规模、结构和高等教育可获取性对不同教育背景的家庭的人力资本投资行为，熟练和非熟练劳动力的相对供给和相对效率的影响，揭示出公共教育政策对经济增长和人力资本溢价的影响机制；于凌云（2008）论证了中国的政府和非政府投入对于人力资本积累和经济增长具有短期效应，以及在教育投入相对较低的地区，物质资本投入是拉动经济增长主要原因，而非政府投入的增长对人力资本积累的效果更加明显；祝树金等（2008）讨论了开放条件下教育支出，教育部门的技术溢出与经济增长的关系；吕炜和王伟同（2007）构建了中国公共教育支出绩效指标体系；成刚（2006）分析了中国高等教育的规模经济问题；陈晓光（2006）基于R&D内生增长理论，分析和比较了各种模型在解释在校时间数，工程师和科学家数量与经济增长的关系上的优劣。

值得指出的是，在近年教育经济学研究中，学者们普遍把研究对象定位于基础教育和高等教育，将它们作为研究的对象。如郭庆旺和贾俊雪（2009）、陈晓光（2006）、陈钊、陆铭和金煌（2004）等人的研究都是以高等教育为研究对象的。相比而言，主流学者对高职教育的研究不太充分。

（三）国内关于高职教育与区域产业协同发展的研究

随着近年来我国产业转型升级的发展和东部沿海城市“用工荒”的频繁出现，关于高职教育与产业转型升级的相关研究也逐渐成为热点问题，引起了学界的普遍关注，取得了一定的成果。比较有代表性的研究有：杭永宝（2006）在研究高职教育的经济发展贡献和成本收益问题时，估算出我国实行市场经济体制前后11年教育对国民经济增长的贡献率分别为7.53%、9.071%，在1993—2004年各级教育对经济增长的贡献率中，高职教育的贡献约为5.897%。沈超（2006）对高职教育与经济增长之间进行定量分析的结果显示，人均GDP基本上是随着中等职业教育的招生规模的增加而增加，两者呈现明显的正相关性。

李伦（2008）认为应当加大对职业培训的力度。他分析认为：“我国当前产业结构转型升级有三种方式，即产业多元、产业更新、产业延伸，但这些都离不开‘人’的转型与提升。因此，职业培训是加快产业转型升级的新引擎：一是产业转型升级依靠职业培训向前推进；二是产业转型升级需要职业培训确保稳定；三是产业转型升级需要大力提升职业培训。”谌新民、潘彬

(2009) 基于广东省现状论述了产业升级与高技能人才供给结构性失衡的影响因素。吕宏芬、王君 (2011) 基于浙江的案例，分析了高技能人才与产业结构关联性研究。潘丽 (2010) 则立足高等职业教育，论述了产业转型升级与高技能人才培养的策略。目前国内对产业结构与人才结构的研究大多探讨两者相互关系、产业和人才发展现状或理论，缺乏实证研究及对二者的影响因素、运行机制方面的深入研究，尤其是缺乏在现代产业体系建设和产业结构优化背景下，从高技能人才的微观角度对其影响因素的分析。

邱广林、林素真、王江锐 (2012) 认为对高职毕业生就业质量的跟踪调查是搭建教育与产业、人才供给和需求、企业与院校沟通的桥梁，借此促进产教对接，能够形成更好的服务产业转型升级的联动机制。张宇 (2013) 认为职业教育服务社会的功能主要体现在培养大规模高技能人才，提高职业教育服务经济发展方式转变的能力，应该依据产业政策和产业发展的变化趋势，改革职业学校的教学内容和方式，设置普适性和针对性相契合的课程体系。

三、研究文献的总体评价

综合分析国内外学者的相关研究可以发现：国外就产业结构转型升级理论与职业教育的互动关系研究起步较早，对此常常是作为一个跨学科研究议题来讨论，除了教育学者外，很多从事产业经济学、劳动经济学、社会学等专业领域研究的学者更是热衷于此类研究，成果也比较丰富。

在我国，学者们已经公认产业转型升级的进程迫切需要与之适应的高技能人才队伍进行推进，但是现有的研究还缺乏将两者的关系进行系统研究。文献梳理后可以看到，从中国高职教育现实特征出发来系统性研究高职教育与区域产业结构互动机理的文献很少；从主从关系视角深入研究，即从高职教育来支撑区域产业发展的视角来进行深入研究二者的协同匹配的文献几乎没有；高职教育与区域产业发展的协同匹配评价指标体系尚需构建，高职教育与区域产业发展的协同实施模型有待开发完善。

第二章　相关概念及其理论应用

第一节　高职教育的概念及其特点

一、高职教育的概念界定

“高等职业教育”简称“高职教育”，国内外学者和专家对高职教育有过多达近百种的定义。从国际上看，其他国家很少有人使用这一名词的，即使有也与我们所理解的内涵不尽一致。例如俄罗斯将“职业教育”泛化地理解为除基础教育外的一切专业教育，这样他们的“高等职业教育”就将所有的高等教育均包括在内，而并非我们所指的与普通高等教育相对的那部分教育；更多的国家则狭义地将“职业教育”理解为是专指培养技术工人类人才的特定教育类型，即培养那些不需太多理论知识而主要依靠动作技能和经验技艺在生产、服务第一线从事现场工作的直接操作者的那部分教育（包括培训），并不进入高等教育领域，所以也就不存在什么“高等职业教育”。在我国影响较大的“高职教育”定义有：

（1）我国高职教育家黄炎培1917年在《中华高职教育者宣言》中给出的定义：“高职教育是用教育方法，使人人依其个性，获得生活的供给与乐趣，同时尽其对群之义务。高职教育的目的则是无业者有业，使有业者乐业”。

（2）1996年9月颁布的《中华人民共和国高职教育法》给出的定义：“高职教育是国家教育事业的重要组成部分，是促进经济、社会发展和劳动就业的重要途径。”这一定义主要是突出高职教育的重要地位，尤其是在国家教育体系中的地位，并且，从法律的角度肯定了高职教育服务经济、社会及个人的作用和目的。

(3) 1998 年联合国教科文组织在《国际教育标准分类法》中给予的定义：“高职教育是为引导学生掌握在某一特定的职业或行业或某类职业中从业所需的实用技能、专门知识和认识而设计的教育。”

综合国内外学者的定义，本书将高职教育定义为：采用专门学校教育对受教育者进行职业培训，传授专门职业所需要的文化知识、基本理论、专门技能和职业精神，以培养企业所需要的中、高级技术技能型人才的一种高等教育。

职业教育三个层次，分别对应培养不同层次的职业人才。高职教育主要培养高层次技术技能型人才，包括高等专科学校、高等职业技术学院、职业大学和部分普通高等学校等。中等专业学校、技工学校、职业高中主要任务是培养具有一定专业理论知识和应用技能的技术人员、管理人员和其他专业人员的初级人才。目前我们国家还缺少以培养高级技术型人才为主的应用技术大学。

通过几十年的探索和发展，我国职业教育已初步形成了一个以中等职业教育为重点，高等职业教育快速发展，又能与普通教育相互衔接的高职教育体系，但是离“适应发展需求、产教深度融合、中职高职衔接、职业教育与普通教育相互沟通，体现终身教育理念，具有中国特色、世界水平的现代职业教育体系”还存在着一定差距。

二、高职教育的主要特点

（一）职业性

高职教育是一种就业教育，它的主要目的是让受教育者掌握企业所需的技能，能够在社会上找到合适的工作。因此，无论是从教育目的还是从教育内容来看，高职教育都具有鲜明的职业性。具体来说，它表现为以下三个方面：一是培养目标的职业性。高职教育以为某一职业培养人才为培养目的，针对职业岗位的需求来展开培训，最终使受教育者掌握好该职业所需的各种技能，顺利入职并胜任该职位，这也是高职院校的办学宗旨。二是学校办学的职业性。从现实中可以看到，每所专门的职业院校都是针对不同职业开设专业的，所以在办学模式和专业建设方面都有自己的特点，这体现出高职院校培养学生职业的定向性。不同的学校有不同的目标，专注不同的领域，具备不同的特性，最终培养出不同职业倾向的学生。三是专业的职业性。学生在跨入高职教育的第一时间，就会有自己的打算和规划，这种打算和规划就体现在入校时所选择的专业上，在不同学习专业之间作出选择，其实也就意味着对将来自己工作职业的一种选择。在高职教育的教学管理中，无论是专业设置、课程设置，还是师资配备、教材选择、教学方法等，都会突出本专业的职业特色和本地区的地方特色，充分重视对学生职业技能的培养。

（二）实践性

实践性是高职教育区别于普通高等教育的主要标志，也是高职教育内在特征的体现。某种意义上讲，高职教育中实践教学的重要性要超过理论教学，是衡量高职教育质量高低的重要指标，也是体现高职院校办学特色的重要举措。教育部教高〔2006〕16号文件明确提出，高职院校要按照教育规律和市场规则，本着建设主体多元化的原则，多渠道、多形式筹措资金；要紧密联系行业企业，不断改善实训、实习基地条件，积极探索校内生产性实训基地建设的校企组合新模式。

高职教育强调学生的动手能力，强调学生的技能水平，职业学校将受教育者置于真实的或高度相似的工作场所中，让他们亲自参与实践，亲自感受实际工作，教学过程与实践过程融于一体，实践教学也就成为职业学校的一个特色，也是一项不可缺少的教学环节。高职教育的实践性具体表现在以下三个方面：一是教学上的实践性。通常，普通教育的主要教学内容是普通文化科学和专业理论知识，采用的教学形式以课堂教学为主。与此不同的是，高职教育在通过课堂教学来传授科学文化理论知识的同时，更加强调对学生实际操作技能的培养。二是技能上的实训性。高职教育侧重技术技能的教育和培养，旨在帮助受教育者掌握某一职业的专项技能。这就客观上要求高职教育需要多安排与此相关的实践环节和实习机会，确保受教育者有足够的时间和机会掌握专业技能，以胜任目标职业的工作需求。三是培养上的实用性。职业院校和相关高职教育部门会联合社会、企业、行业等共同筹建专业指导委员会，调查分析用人单位尤其是本地区企业对职业岗位能力的具体要求，确定学生毕业后所从事职业岗位的业务工作范围，并将其具体化为人才培养的规范方案，相应确定学校所要设置的专业。在教学内容方面，按照实际、实用、实效的原则聘请职业经验丰富的优秀从业人员讲授部分课程，将理论教学与实践教学相结合，让教学更加贴近实际。

（三）区域性

高职教育的区域性，首先体现在办学的服务面向上，即要满足区域经济发展和产业转型升级对高技能人才的需求。其次体现在人才培养的层次和质量标准上。我国目前的社会经济状况，决定了高职教育主要是培养专科层次的技能型应用性人才，但在西部等不发达地区，高职教育还要承担部分中专层次技能型应用性人才的培养，而在沿海经济发达地区，随着高新技术的迅速发展，高职教育培养的技能型应用性人才已在向四年制乃至七年制规格延伸。第三体现在人才培养的模式上，即对接产业、依托行业、合作企业，人才培养必须适应生产一线新技术应用的需要，必须深入行业企业，了解行业企业的困难和需求，开放办学，走“产教融合、校企合作、工学结合”的人才培养之路。

高职教育必须强化区域性，行业办的高职院校则要强化行业性。第一，高职院校往往是区域性高校，由地方政府主办，其办学定位首先必须考虑所在区域的人才需求和经济发展，才能获得更多的社会资源，因此，为区域经济和社会发展服务是高职院校的办学宗旨。第二，高职教育培养的是服务于生产第一线的应用性人才，这类人才与一定区域的市场、职业、产业、行业等有着更直接、更密切的关系，这是高职教育人才培养目标的地方特色。

（四）经济性

经济性是指高职教育与经济发展之间有着非常紧密的关系，两者相互促进、相互影响。首先，高职教育能促进经济增长，当知识和技能取代了物质资本成为决定生产力发展的决定性因素时，劳动力也就成了经济发展的决定力量。显然，在当今社会，劳动力不仅包括具备基本劳动能力的普通劳动力，更多的还是指掌握了扎实的理论知识和娴熟的专业技能的劳动力。其次，高职教育的发展也离不开经济的发展。社会经济发展了，经济基础增强了，才能为高职教育的进一步提高提供坚实的经济基础和发展保障。

此外，高职教育与一个国家和地区的发展紧紧相连，它应结合本国或本地区的特色，针对性地培养所需的职业人才，以突出本国或地区的竞争优势，进而促进本国或本地区经济、社会的发展。

（五）高教性

高职教育作为高等教育的一部分，要实现可持续发展，其办学必须遵循高等教育的办学规律，体现高等教育的层次性。高职教育的高教性特征，体现在以下三个方面：一是体现在其人才培养目标定位的层次性上。高职教育的人才培养目标，首先是帮助学生养成良好的职业道德，其次是使学生具备适应就业需要的专业技能，第三是促进学生的可持续发展，提高其终身学习的能力。与中职教育相比，高职教育人才培养的不可替代性，在教育层次上即文化程度的差异是二者最显著的区别。中职教育属于基础教育范畴，高职教育属于高等教育序列，培养的人才在知识、能力、素质结构的全面性上应高于中职生。二是体现在职业技术、能力掌握层次、程度上。中职教育培养的学生只需掌握某一特定职业或职业群中从业所需的一技之长，高职教育的毕业生不仅要能够熟练应用岗位工作技能、技术，还要有能力驾驭策略层面的工作过程，具有某一岗位群所需要的生产操作和组织能力。三是体现在可持续发展的能力上。高职教育培养的是高素质的技术型和技能型人才，更应突出其面向未来的特征，关注学生学习能力、职业精神的培养和进一步发展能力的获得。

（六）终生性

世界在不断发展，事物在不断变化，这要求所有的社会人都需要随这些变化而作出及时的调整。高职教育的目的是培养职业所需的技能，而一个人在一生中有可能会从事不同的职业，或者说，在本职业中经历一些创新的变革，这都需要人们及时地掌握应对新变化的新技能，在这一过程中，高职教育有了用武之地。人人享用职业教育，人人需要不断接受高职教育，高职教育将伴随一个人的终生。

第二节　产业、区域产业的概念及其内涵

一、产业、区域产业概念的界定

（一）产业

产业是居于微观经济细胞（企业和家庭）与宏观经济单位

（国民经济）之间的一个“集合概念”，它既是具有某种同一属性的企业的集合，又是国民经济以某一标准划分的部门。按照国际通行惯例，产业的范围界定为国民经济的各行各业，大至部门，小至行业，从生产到流通、服务以至文化、教育等。总之，它概括了国民经济各行各业的活动。产业的这种集合和划分在运用时有两个特征：

第一，基于分析目的的不同，对产业的集合和划分形成了粗细不同的若干层次。

1. 以同一商品市场为单位而划分的产业，即把所有生产同类商品或提供同种服务的企业称为某产业。这种分类方法在各种经济活动中使用十分普遍。

2. 以技术、工艺的相似性为依据而划分的产业，如水力发电和火力发电两种活动。这种划分主要用在经济活动的技术区分上。

3. 以产业关联程度而划分的产业，这种划分主要用于产业机构的演进分析。

4. 以使用生产要素的特征划分的产业，如技术密集型产业、资本密集型产业、劳动密集型产业等。这种划分方法主要用于相对性经济分析上。

5. 以经济活动的阶段为依据，将国民经济划分为若干部门所形成的产业。

第二，产业的集合和划分立足于经济现实的可用性，为了回答现实经济生活中的具体问题，产业概念的立足点是现实的可用性。如：产业资本、产业工人中的“产业”指物质生产部门，产业革命中的“产业”主要指工业；“农业产业化”中的“产业”指种养加、供产销、农工商一体化的过程；当前农业产业结构调整中的“养猪产业”“养牛产业”“苹果产业”等中的“产业”是指一定规模的产品；我们在生活中常用的家庭产业基础的

“产业”实际是指家庭财产。

（二）区域产业

区域产业是以指一定区域内生产同类商品或提供同种服务的所有企业的集合。区域产业概念可以从两方面来理解：一是从区域经济发展看，某种产业在某一地区经济总量中占有一定的比重，或是该区域经济发展的主导产业，或是支柱产业，或是具有一定潜力的产业；是从产业供给能力的形成来看，某种产业供给能力相对集中于某一地区，该地区成为该产业总供给的主要来源地。

区域产业主要是反映产业的空间布局状况以及由此所决定的区域间横向经济关系，这也说明区域产业的概念主要是从供给的角度来反映产业的空间组合状况；而从需求方面来看，即使是区域产业，其市场需求也是非区域性的。市场空间越广泛，区域产业的扩张潜力就越大。区域产业概念的形成，主要有三个方面的原因：

1. 资源禀赋因素。不同地区由于地理位置的不同，其资源供给能力和资源供给结构存在一定的差异，即资源禀赋差异。资源禀赋不同，决定了不同地区生产结构也将形成一定的差异。在社会经济发展的初级阶段，资源禀赋是决定地区经济状况的主要因素。

2. 规模经济因素。即产业布局的疏密状况，在其他条件一定的情况下，产业布局的过密或过疏，都将导致资源配置效率的下降，不利于规模经济收益。为克服外部经济的缺陷，市场总是倾向于均衡配置产业的地区布局，从而形成区域产业。

3. 区域间分工协作的深化。社会经济的不断发展，必然导致区域间社会分工体系的进一步完善。这种分工体系发展的一个重要方面就在于充分发挥区域间比较经济优势，从而促使各地区逐步形成各不相同的具有比较优势的产业。

由此可见，尽管现代科学技术的发展在一定程度上改变了区域经济布局的架构方式，如替代资源的出现和交通运输条件的改善等，使得资源禀赋对区域产业成长的约束有所弱化，但从社会分工以及规模经济原则出发，产业区域化现象在经济现代化过程中被不断强化，区域产业促进经济增长也成为大多数国家消除地区经济差距的基本途径。从我国当前经济发展来看，培育区域产业竞争力对于缩小东西部地区经济发展差距具有极其重要的现实意义。

二、产业的内涵

产业的内涵是指产业的组成要素，主要有资金、人员、技术和管理等几个方面。

（一）资金

在市场经济条件下，产业资金来源于市场。如果某产业市场情况很好，其利润率在社会平均利润率之上，那么就会吸引来投资。外部筹资有两种方法，即直接筹资和间接筹资。间接筹资就是向银行贷款；直接筹资指直接向资金持有者筹资，主要是两种方式，一是发行债券，二是发行股票。企业资金中，出资者（或发起人）的本金和筹集来的资金之间要有一个合理的比例，以解决来源和风险问题。

（二）人员

产业人员大体分为管理人员、专业人员和一般人员。随着技术进步、劳动生产率的提高，第一、第二产业中从业人员出现下降趋势，而且对管理和专业人员的素质要求提高，对其文化、技术水平要求大大提高，需要更高层次的专门科技人才外，还需要更多的通才。随着产业的国际化，还需要一定的外贸和开拓国际业务的人才。近年来，人力资本理论的兴起就是这种趋势的反映，人才投资被看作是企业资本的组成部分。

（三）技术

当代各个产业总的趋势是技术越来越复杂，也越来越综合，要掌握的技术难度也越来越大，而且技术发展快，产品更新换代快，因而需要不断掌握新的技术，才能立于不败之地。现代产业技术是一个工程链。产业技术的来源可分为内部和外部两大类。对产业来说，内部技术来源应该是主要的。产业按其技术复杂程度及技术在产品成本中的比重，可以分为高技、中技术产业和低技术产业。

确定高技术产业的指标有两个，一是研究开发投入占销售收入的比重，二是研究开发人员占总劳动力的比重。经济合作与发展组织（OECD）于1986年统计了1980年代初22个制造业的有关数据，得出总的研究开发投入比重为1.8%。而把22个制造业中研究开发投入明显高于其他产业的六个产业确定为高技术产业，它们是航空航天制造业、计算机与办公设备制造业、电子与通信设备制造业、医药品制造业、专用科学仪器设备制造业和电气机械与设备制造业。在经合组织的分析中，研究开发投入比例高的还是制造业，尽管在发达国家中制造业在整个经济中的比重在逐渐减少，但制造业仍然是国民经济的支柱，作为技术上最复杂的产业，对国民经济所起的带头引导作用仍很明显。

（四）管理

从产业角度来看，管理可以分为几个层次，一是企业管理，二是对企业的管理，包括产业内的管理和政府对企业的管理。

近现代企业管理是工业化时期开始的科学管理。科学管理是以大规模生产流水线作业、企业内部岗位明确分工为其核心内容，把复杂的手工劳动化解为机械化以后每个岗位上的简单劳动，用操作标准和定额标准来管理，这样就降低了对劳动力的要求，同时也极大地提高了生产效率。

20世纪下半期以来，由于科学技术的进步要求劳动力不再是机械地按标准操作，而是要更多地发挥积极性，而且市场竞争的激化又要企业把更多精力放到新产品开发和市场营销上，因此企业管理也进入了现代管理的阶段。现代管理的主要内容有三个方面：一是以人为本，充分调动劳动者尤其是脑力劳动者的积极性；二是讲究企业战略，把开发、生产、营销各环节中的管理和人事、财务的职能管理构成一个整体；三是大量采用现代信息技术手段，节约管理成本，提高管理效率。现代管理与科学管理并不矛盾，可以说科学管理是现代管理的基础。目前在传统产业中还是以科学管理为主，并有现代管理的一些内容，而在技术进步特别快，市场竞争非常激烈的新兴产业如信息产业、生物产业中，一些企业则已是现代管理为主。企业管理水平对企业的绩效影响极大。在对企业分析评估时，其管理状况是个重要的内容。

第三节　高职教育与产业发展的相关理论与应用

一、三螺旋理论

三螺旋理论是纽约州立大学社会学系亨利·埃兹科维兹和阿姆斯特丹科技发展学院的罗伊特·雷德斯多夫于1990年代提出的。该理论认为，在知识经济时代，创新的主体大学、企业与政府，以经济发展的需求为纽带而连接起来，透过组织结构性的安排、制度性的设计等机制，三种力量交叉影响，最终形成相互交织又呈螺旋上升的三重螺旋的新关系，以此达到三者资源的共享与信息的充分沟通，实现各自效益的最大化。

特定区域内政府、高校和企业之间的螺旋式互动关系决定了该区域经济发展模式的成败。三螺旋理论将政府、企业和高校在发展地方社会经济的平台上统一起来，形成了知识领域、行政领域和制造领域的三力合一，从而为经济、社会、高等教育的发展提供了坚实的理论基础和实践指南。利用三螺旋理论能够很好地理解高等教育在运作过程中所遇到的复杂理念和相互关系：一方面，高等教育在发展过程中需正确处理人文教育与实践技能教育、基础性研究与功利性研究、教学科研与服务地方等方面的关系，推进高等教育结构的调整和优化，促进高校从传统型大学向创业型大学转变；另一方面，地方政府和企业要充分重视高等学校在其地方发展的角色和作用，实现用知识推动区域经济和社会的发展，将高等学校与地方的社会经济和文化建设融为一体，平衡好经济发展与高等教育之间的关系，促进二者协同发展。

二、人力资源理论

人力资源理论是在人力资本理论的基础上发展起来的，第一次把资本的概念从物扩展到人，提出人力资本比物质资本具有更高的收益率，投资于人力资本就会更有效地推动经济增长。但在人力资本理论中，人是个体的人，而经济学范畴中推动经济增长的要素是整体的概念，即个体的人力资本必须形成合力，形成整体的人力资源，才有助于推动整体经济的增长。教育就为人力资源的整体培养提供了条件。

自 1954 年彼得·德鲁克在《管理实践》中提出人力资源概念以来，人力资源及其对经济增长的影响作用渐受重视。彼得·德鲁克认为人力资源是能推动经济和社会发展的，具有劳动能力和一定智力的从事劳动和未来从事劳动的人口的总和。从量的角度看，人力资源是人口资源的一个组成部分，存在于一个国家或地区的人口或一个国家劳动力之中；从质的角度看，人力资源是指高于人口资源的一种较高层次的人才资源，指一个国家和地区具有较强的管理能力、研发能力、创新能力和专门技术能力的人们的总称。因此，与劳动力资源不一样的是，人力资源应包括四个方面：劳动者的体质、智力、知识和技能。教育是人力资源形成的首要条件，教育具有使人力资源社会化的功能，从而使人的潜在能力转变为现实的能力，促成人力资源的体现。而教育同时又具有经济功能，它对一国经济发展起着重要的推动作用，它包括直接经济功能和间接经济功能。

教育的直接经济功能指的是教育系统内部对经济发展所起的作用，如高等教育系统推动的科学技术革新对国民经济的促进作用。教育的间接经济功能指的是教育系统外部导致对经济发展的促进作用，如劳动者因教育的作用而提高素质，进而促进劳动生产率的提高。教育的经济功能的实现要通过一个核心纽带，即人。教育的经济功能正是教育通过促进人力资源的生成而体现出来的，而人力资源的形成则是以人的价值的实现来体现的。因为，人的价值在于创造价值，创造价值的实现有赖于人的知识、技能等。在人的知识、技能、能力的形成过程中，教育起着关键的作用。

人只有具备了一定的知识、技能，成为人力资源时，才能成为创造价值的主体，而在社会中人的价值的外在体现就表现为人力资源。因此，在完成劳动力的社会“再加工”功能，知识“再生产”功能以及更新知识与社会生产技术的功能，这三项功能都离不开一个必要的中介——人。除了维系一般意义上的教育与经济关系，人力资源发挥着充分协调教育结构与经济结构的重要作用。经济结构的调整是基于不同的人力资源配置，通过发挥人的主观能动性，调动资本、土地、技术等各种要素推动经济结构的调整，而不同的人力资源培养离不开教育结构的协同。

三、教育内外部规律理论

教育内外部规律是1980年代潘懋元提出的。1980年，潘懋元到湖南大学讲课时，第一次正式提出了教育的内外部规律。当时的表述是：“教育基本规律有两条，一条属于外部规律，一条属于内部规律。”教育外部规律即社会主义教育必须通过培养全面发展的人为社会主义的政治经济的发展、生产力的发展服务；教育内部规律为社会主义教育必须通过德育、智育、体育培养全面发展的人。在此后的高等教育研究与实践中，潘懋元不断地在表述上和内涵上对教育内外部关系规律进行完善和深化。1986年出版的《高等教育学讲座》一书对之较为全面地进行了论述。关于教育外部关系规律表述为：“教育必须与社会发展相适应，适应包括两方面：一方面教育要受一定社会的政治、经济、文化科学所制约；另一方面教育必须为一定社会的政治、经济、文化科学（的发展）服务。受制约是前提，为之服务是方向。”潘懋元还进一步提出制约教育的主要因素是生产力和科学技术的发展水平，因为在现代社会，科学技术是第一生产力，因而对高等教育与经济关系的考察要从生产力、科学技术之间的关系联系起来，这也是潘懋元关于教育的内外部规律理论的创造性所在。

根据教育内外部规律理论，我们会发现高职院校作为一种资源组合与配置的经济实体与社会环境之间存在着经济互动关系。一方面，高职院校的生存与发展越来越依赖于社会经济环境，高职教育的发展有赖于经济的持续发展，只有持续稳定的经济增长才能保证长期和持续的教育投入；经济发展的水平决定着高职教育的规模、内容、组织、形式、教学方式和教育手段，同时还决定着劳动力的素质和教育培养人才的素质。另一方面高职院校从市场中获得资源后，通过科学技术研究和开展社会服务等功能为社会提供人才、知识产品和精神产品并使之被充分利用来回报社会。在肯定高职业教育对社会的政治经济的发展起促进作用的同时，也应当看到高职教育在发展过程中存在一些问题，因此，运用教育内外部规律研究分析问题，对于深化未来高职教育改革与发展颇具价值。

四、可持续发展理论

可持续发展理论的提出背景是，随着科技、经济和社会的发展，人们对经济高速增长带来的环境问题的严重性逐渐警醒，意识到人类赖以生存和发展的环境和资源遭到严重破坏。可持续发展的概念是在1987年世界环境与发展委员会首次提出，在该会议通过的《我们共同的未来》报告中，第一次阐述“可持续发展”是既满足当代人的需要，又不对后代人满足其需要构成危害的发展。但各国充分认识到可持续发展的意义并付诸实施是从1992年开始，在巴西里约热内卢召开的联合国环境与发展大会上通过了《里约热内卢宣言》与《21世纪议程》两个纲领性文件，号召并推动各国制定本国的可持续发展战略。

“可持续发展”概念在世界范围内得到认同，并见诸报端与各类官方文件，其涵盖范围逐渐从当初的经济、环境范畴扩展到整个社会。可持续发展作为一种新的社会发展观和价值观，是一个结构性综合概念，其基本含义是提高和增强人类社会得以长远和持续发展的能力，其内涵包括人口素质环境优化、经济增长、科技发展、知识创新、社会进步、国际沟通、精神文明等诸方面的持续性、协调性、公平性、共同性发展与变革。“可持续发展”已成为世界各国迈向21世纪的行动纲领，也是当今中国从事现代化建设伟业的一项重大战略。与此相适应，高职教育作为社会大系统中的一个子系统，作为一种特殊的社会活动，在可持续发展战略上也主要有两大方面：一是高职教育如何与社会大系统相吻合，以有力地推动全社会的可持续发展；二是高等教育如何借助社会可持续发展战略的动力和机遇，有效地使自身获得可持续发展。就此而言，促进社会的可持续发展，已成为21世纪一个新的高职教育理念。

五、柯布—道格拉斯生产函数

柯布—道格拉斯生产函数最初是美国数学家C. W. 柯布和经

济学家保罗·道格拉斯共同探讨投入和产出的关系时创造的生产函数。“柯布—道格拉斯生产函数”是在生产函数的一般形式上作出改进，引入了技术资源这一因素，用来预测国家（或地区）的工业系统或大企业的生产和分析发展生产的途径的一种经济数学模型，它是经济学中使用最广泛的一种生产函数形式，在数理经济学与经济计量学的研究与应用中都具有重要地位。

柯布—道格拉斯生产函数的基本形式为：

$$Y = A(t) L^{\alpha} K^{\beta} \mu$$

式中 Y 是工业总产值，A（t）是综合技术水平，L 是投入的劳动力数（单位是万人或人），K 是投入的资本，一般指固定资产净值（单位是亿元或万元，但必须与劳动力数的单位相对应，如劳动力用万人作单位，固定资产净值就用亿元作单位），α 是劳动力产出的弹性系数，β 是资本产出的弹性系数，μ 表示随机干扰的影响，$\mu \leq 1$。从这个模型看出，决定工业系统发展水平的主要因素是投入的劳动力数、固定资产和综合技术水平（包括经营管理水平、劳动力素质、引进先进技术等）。根据 α 和 β 的组合情况，它有三种类型：

（1）$\alpha + \beta > 1$，称为递增报酬型，表明按现有技术用扩大生产规模来增加产出是有利的。

（2）$\alpha + \beta < 1$，称为递减报酬型，表明按现有技术用扩大生产规模来增加产出是得不偿失的。

（3）$\alpha + \beta = 1$，称为不变报酬型，表明生产效率并不会随着生产规模的扩大而提高，只有提高技术水平，才会提高经济效益。

美国经济学家 R. M. 斯诺提出的中性技术模式即斯诺模型属于不变报酬型。当 $\mu = 1$ 时，斯诺模型为：

$$Y = A(t) L^{1-\varepsilon} K^{\varepsilon} \text{或}$$

$$A(t)=\left(\frac{Y}{L}\right)^{1-\varepsilon}\left(\frac{K}{Y}\right)^{-\varepsilon}$$

式中（$1-\varepsilon$）是劳动力产出的弹性系数。根据弹性系数 $\varepsilon=\frac{\partial \ln Y}{\partial \ln K}=\frac{qK}{pY}$ 的经济意义和数学意义。这里 p 是产出价格，q 是资本价格。当 $p=q$ 时，$\varepsilon=\frac{K}{Y}A(t)=\left(\frac{Y}{L}\right)^{1-\frac{K}{Y}}\left(\frac{K}{Y}\right)^{-\frac{K}{Y}}$。它表示对生产技术水平、经营管理水平和服务水平的综合评价，全面反映企业的适应能力、竞争能力和生存能力。$A(t)$ 值越大，水平越高。

经济学家根据有关历史资料，研究了 1899—1922 年间美国的资本和劳动对生产的影响，在技术经济条件不变的情况下，得出了产出与投入的劳动力及资本的关系。但是柯布—道格拉斯生产函数中把技术水平 A 作为固定常数，难以反映出因技术进步而给产出带来的影响。柯布—道格拉斯生产函数中，如果有任何一种投入为零，则产出也为零，因此对于生产来说，每种生产要素都是必需的，没有一种要素可以完全替代另一种要素。此外，柯布—道格拉斯生产函数是采用的边际分析方法，可用于分析要素投入对产量（产出）的贡献率、规模收益和其他系列问题，因此在研究劳动投入对经济增长的贡献时，该生产函数是应用最为广泛的一种。根据研究目的和需要，现在出现很多在柯布—道格拉斯生产函数基础上变形应用的函数形式。

六、配第—克拉克定理

“配第—克拉克定理”是有关经济发展中就业人口在三个产业中分布结构变化的理论。它是由英国经济学家克拉克在计算了 20 个国家的各部门劳动投入和总产出的时间序列数据之后，得出的重要结论。产业结构理论中，“配第—克拉克定理”指：随着经济的发展，人均国民收入水平的提高，第一产业国民收入和劳动力的相对比重逐渐下降；第二产业国民收入和劳动力的相对比重上升，经济进一步发展，第三产业国民收入和劳动力的相对比重也开始上升。

配第—克拉克定理的主要形成机制有：

(1) 收入弹性差异：第一产业的属性是农业，而农产品的需求特性是当人们的收入水平达到一定程度后，难以随着人们收入增加的程度而同步增加，即它的收入弹性出现下降，并小于第二产业、第三产业所提供的工业产品及服务的收入弹性。所以，随着经济的发展，国民收入和劳动力分布将从第一产业转移至第二、第三产业。

(2) 投资报酬（技术进步）差异：第一产业和第二次产业之间，技术进步有很大差别，由于农业的生产周期长，农业生产技术的进步比工业要困难得多，因此，对农业的投资会出现一个限度，出现报酬递减的情况。而工业的技术进步要比农业迅速得多，工业投资多处于报酬递增的情况，随着工业投资的增加，产量的加大，单位成本下降的潜力很大，必将进一步推动工业的更大发展。

配第—克拉克定理不仅可以从一个国家经济发展的时间序列分析中得到印证，而且还可以从处于不同发展水平的不同国家在同一时点上的横断面比率中得到类似的验证。即人均国民收入水平越低的国家，农业劳动力所占份额相对越大，第二、第三产业劳动力所占份额相对越小；反之，人均国民收入越高的国家，农业劳动力在全部就业劳动力中的份额相对越小，而第二、第三产业的劳动力所占份额相对越大。

第四节　高职教育与区域产业发展的协同关系

一、高职教育与区域经济发展的协同关系

一般而言，经济增长与发展主要取决于四个要素：一是人力

资源，二是资本，三是劳动生产率，四是科技进步。高职教育对经济发展的作用主要表现在高职教育对人力资源配置、劳动生产率、科技发展、生产管理现代化的推动效用上。当然，高职教育的这些作用和功能都是通过培养人才来实现的。在一般的意义上，教育虽不能直接产生生产力，但教育的知识、技能传承功能是教育的经济价值形成和实现的基础和前提，同时也是教育经济功能的具体体现。

美国的经济学家卢卡斯指出只有人力资本才能促进经济增长，进而将人力资本划分为社会共有的一般知识形式的人力资本和体现在劳动者的劳动技能中的特殊化的人力资本。在舒尔茨和贝克尔看来，在人力资本的形成过程中，普通教育只是形成人力资本的形式之一，而不是全部形式。相对普通学校教育来说，高职教育是一种学习周期较短、学习方式灵活的教育形式，而且高职业教育就业风险比普通教育相对较小。因此，高职教育在就业方面要优于普通教育。高职教育发展水平，代表着人力资源的生产和优化的能力，高职教育自身在人力资源和物力资源方面具备了特有的相对密集的优势，这种优势也就决定了它在科技进步和科技、经济一体化进程中将承担起关键性的作用。

由于区域经济发展对人才的需求是不断变化的，所以职业教育与经济发展之间的关系也处于不断变化之中。教育家和社会学家看重的通常是学校教育的文化功能，经济学家看重的却是学校的生产人力资本的功能，所以，高职院校可以被看作是一种工厂，一种专门生产和造就具有一定知识和技能的人才工厂。每一个工厂生产都要投入各种生产资料和各个相关要素，然后通过整体划一的培训，造就具有特定知识的、符合社会发展需求的人才。相比较于美国、欧洲、日本等发达国家，虽然中国在人力资源的数量上的确具有相对优势，但是人力资本质量的差别却很大，而且高级技工和各类专业人才的缺乏是目前我国人力资本面临的一个危机。显然，我国在世界经济发展和贸易中的优势并不是人力资本的优势，而是人力资源上的优势。

高职教育通过人才培养来提高一个国家或地区的人力资本水平，进而促进经济发展。同时，一个国家或地区的经济发展水平也制约着高职教育的发展，一个国家或地区的经济发展水平决定该国或地区职业教育的发展规模。与普通教育不同，高职教育受到地区经济、政治、文化等方面的制约十分明显，尤其表现在经济方面。这一点，在疆域辽阔的区域、经济发展不平衡的我国更是如此。高职教育培养什么样的人才以满足所在地区经济发展的要求，是一个地区高职教育发展的根本任务。高职教育的区域性决定了高职教育与区域经济发展的关联性，一个地区经济发展的水平，成为决定高职教育发展水平的基础。

区域经济发展为高职教育发展提供了物质基础，高职教育活动是直接或间接地为适应区域经济发展需要，并根据区域经济发展所提供的条件而形成和发展起来的。高职教育是整个教育结构中的关键环节，是人力资源开发的一项重要手段。高职教育为区域经济发展提供各种技术人才，在资金投入上离不开物质生产部门的支持。高职教育的发展规模、发展速度和教育结构的变化都是由区域经济发展情况决定的。只有区域经济总量扩大和发展速度加快时，对高职教育的专业设置和人才培养目标提出了新要求，高职教育发展的规模、速度和高职教育的结构才会扩大。区域经济为高职教育发展提供源源不断的物资支持，如教学楼、操场、图书馆等。同时，这种提供物资的能力大小可以判断出区域经济的发展水平。

区域经济发展为高职教育创建的物质条件，是高职教育持续、稳定发展的必要条件。此外，区域经济发展还决定了高职教育的人才和专业结构，高职教育的人才和专业结构不是随意确立，而是受到各种因素制约的。可以说，高职教育的人才和专业结构的标尺就是区域经济的结构。首先，区域经济的各个生产部门的产业结构制约着高职教育的人才和专业结构，各个部门在发展中要求在人才的应用方面有一定的组合关系，这就要求高职教育必须根据产业部门的实际需求设置学校和专业，并且学校和专业也要有一定的组合关系。这样，高职教育才能满足产业部门的人才需求，保持供需平衡的状态。其次，区域产业部门的技术结构制约着高职教育的发展层次。不同的经济部门使用不同的技术装备，其所需的技术人才的层次也各不相同，这一点是不同层次高职教育设定的主要依据。区域经济较发达的地区物质条件充足，高职教育事业发展迅速，各层次的职业学校配置也相对合理。区域经济欠发达地区物质条件差，经济水平低，高职教育发展缓慢，职业学校合理布局也很难实现合理化。

从上面的分析可以看出，高职教育与经济发展之间既存着一种相互依存，相互促进的关系，也存在一种相互制约，被动适应的关系，两者之间的关系可以具体划分为多种表现形式：

（一）相互依存、密不可分的关系

这种关系形式是高职教育对经济增长贡献相互关系的最基本的形式之一，它处于高职教育对经济增长贡献的微观层面。包括高职教育投入与产出的关系，高职教育的成本与效益的关系，高职教育资源配置与优化的关系等，前面的分析就着重体现了这种关系。

（二）相互促进、良性互动的形式

即高职教育的某一方面、某一部分和某一阶段与经济增长的某一方面、某一对应部分和某一阶段之间的相互促进关系所产生的联动效应，它处于高职教育对经济增长贡献的宏观层面。如经济体制改革带动高职教育体制的改革，经济结构的调整带动高职教育人才和专业结构的调整，经济规模总量扩大引起高职教育规模的扩大；经济增长速度加快促进高职教育发展的速度加快等。

在西方一些发达国家，当经济处于农业社会向工业社会的过渡时期，高职教育也正处于起步发展阶段，高职教育对经济发展的贡献并不明显；当经济发展过渡到工业社会，高职教育也进入快速发展时期，此时高职教育对劳动生产率提高，对科技进步的贡献，对人力资源的开发以及对经济结构的调整和转型，都产生了积极而巨大的影响；当经济发展进入后工业社会，也就是进入知识经济时代，高职教育也进入到高水平、高质量的内涵发展阶段，此时高职教育对科技进步的贡献，对知识的创新和生产的作用以及对经济发展的贡献都是空前的。它充分表明了高职教育与经济增长之间确实存在着一种相互促进、良胜互动的关系。

（三）协同发展、主动适应的形式

高职教育应根据经济增长的需要以及自身发展的规律，通过主体的鉴别、判断和选择，再做出积极的回应，这是一种较高层次的关系形式。具体表现为高职教育的发展不但要满足当前经济与社会发展的需要，更应着眼于未来社会经济发展，也就是适度超前的发展。高职教育的适度超前发展理论是在现有社会资源总量框架内的超前，高职教育与经济发展的波动周期不会相离。

（四）相互制约、被动适应的形式

与协同发展、主动适应的形式正好相反，即高职教育主体的鉴别、判断和选择，无法对经济的发展以及其他外部因素做出积极的回应。因此，如何避免高职教育与经济发展之间出现相互制约、被动适应的局面，让高职教育适应、引导、促进经济发展，是努力发展高职教育的一个重要方向。

二、高职教育与区域产业发展的协同关系

配第—克拉克定理提出的产业发展的一个重要现象，即随着经济的发展，人均国民收入水平的劳动力首先由第一产业向第二产业转移，当人均国民收入进一步提高时，劳动力便向第三产业

转移，即随着经济不断发展，劳动力会依次由第一产业向第二第三产业转移，劳动力总量在三大产业中的分布结构也会不断发生变更，第二、第三产业的比重会随经济发展水平的提高而不断提高。因此，以培养劳动力为对象的高职教育的发展是经济增长和产业发展的必要条件，也是产业结构演进的必然结果。

（一）高职教育与产业发展的协同性原理

高职教育与产业发展的协同性表现在两个方面：一方面是不同的产业发展阶段要求不同的高职教育形态，以满足产业发展所需要的劳动力，这种协同性反映了产业发展对高职教育的基础作用；另一方面是高职教育要想取得发展，必须了解所处时代产业发展的特征，并据这种特征采取对应的措施展开工作，培养产业发展所需要的人才，满足市场对人力资本的需求，发挥高职教育对产业发展的能动作用。因此，高职教育与产业发展的协同性包括产业发展对高职教育的拉动作用和高职教育对产业发展的推动作用，在两者的共同作用下，高职教育与产业发展便能实现协同性发展。

职业教育发展依次由初等、中等、高等的发展态势与产业的发展阶段相对应，在一种相互制约、相互促进的影响过程中实现两者的协同性发展。同时，产业发展有一个明显的由低级向高级的演进过程，它一般表现出三个阶段，即产业结构的形成、产业结构的扩张和产业结构的优化。对应这三个阶段，它对劳动力的水平、素质和技能有不同的要求，对人力资本的专业结构、职业结构也有不同的要求，不同的发展阶段需要不同的高职教育发展形态与其匹配。

另外，如果高职教育的发展形态符合了不同产业发展的阶段特征，满足了不同产业发展阶段的需求，就能够为产业发展提供所需的人力资本。在产业结构刚刚形成之时，大量需要的是低级或中级的熟练劳动力，对应要求高职教育更多的是初等或中等高职教育。产业结构进入扩张阶段，需要的劳动力相应转变成中级或高级熟练劳动力，这要求大力发展中等高职教育，适当发展高等高职教育来满足。在产业结构优化阶段，对高级熟练劳动力的需求也将越来越大，这就要求在保持中等高职教育稳定发展的同时，对高等高职教育支持力度就不断加大。

（二）高职专业结构与产业结构的适应性原理

依照系统论的观点，产业结构包含三个基本要素，产业的总个数、产业之间的合理构成比例和每个产业的技术需求。对应地，高职教育的专业结构也包括三个基本要素，专业的总个数，专业之间的合理构成比例和每个专业培养的人数。只有当高职教育的专业结构与产业结构表现出相互适应时，才可以实现上述两者所包含的三个基本要素的相互对接，即高职教育的专业结构包含的专业总个数与产业结构包含的产业总个数相适应；高职教育专业结构的合理构成比例与产业结构的构成比例相适应；高职教育专业结构中每个专业培养人数与产业结构的技术需求相适应，这就是专业结构与产业结构的适应性原理。

三、高职教育与区域产业协同发展的积极影响

（一）高职教育与区域产业协同发展将优化产业结构

产业发展是一个从低级到高级的过程。产业的形成是指从事同一生产或社会经济活动的企业从无到有、从少到多的发育过程，且逐步达到一定规模，构成产业的基本要素以后从原母体分离出来形成独立产业的过程。产业形成的两个关键因素：一是新技术的产生和推广应用。它是科学技术发明创造的价值实现过程，技术进步是产业变革和进化的核心力量。二是企业创新和产业创新。企业创新是指企业将多种生产要素进行重新组合的行为，包括产品创新、技术创新、组织创新及管理创新等。产业创新是指原有产业因为技术、分工、组织、管理、生产过程等的创

新而分离出来的新产业。纵观历史，在产业发展的整个过程中，技术的更新都扮演着最为重要的动力因素，产业发展其实本身就是技术扩散的一个过程，产业结构随着技术的发展而不断调整、升级和优化。

高职教育作为一种传授技术的教育，它在技术的产生和扩散中都肩负着重任。技术进步推动生产专业化分工的深化，新的产业部门逐渐发展起来，产业不断分化，同一产业内一些价值增值环节也逐渐独立出来发展为新的产业部门，产业结构日趋复杂，并不断趋向高级化。在产业结构升级的过程中，生产对劳动力的技能水平提出了越来越高的要求，只有接受相应的教育水平的劳动力才能成为合格的生产要素而进入生产过程。为了满足经济发展和产业结构升级的需要，教育部门不断扩展教育理念、教育体制、教育内容以及教育形式等也在不断演变。

在以第一产业为主体的农业社会时期，没有建立正规的教育体系，教育处于原始阶段，教育的目的主要是灌输统治阶级的意识形态和传播宗教信仰，教育对生产发展的推动作用并不突出。这一时期，人力资本的积累主要是通过“帮传带”这种职业教育形式，以及农业生产过程中的“干中学”方式来得到实现。科学技术进步以及发明创造主要依赖少数天才式的能工巧匠通过对自然的观察实现的。18 世纪产业革命后，机器大工业逐渐成为整个社会的物质基础，人类社会的生产力水平得到了极大的提高，社会生产的发展，不再取决于简单的劳动力，而逐渐取决于科学技术水平，取决于劳动者对科学技术的掌握。与此同时，科技进步和发明创造越来越依赖从事科学研究的专业机构，许多发明创造都是在实验室诞生。因此，培养专门从事科学研究的人才教育机构的重要性日渐突出。传统的以“帮传带”方式传授生产经验的非专门教育形式已无法满足社会生产力发展的需要，培训大批量技术人才的专门职业教育机构应运而生，满足了人们求学的积极性、主动性与创造性，为经济增长与技术进步提供了强大的动力，为技术革命与产业革命向纵深发展创造了有利的教育制度条件。

高职教育不仅提供了高质量的专业训练，实现了工业化时代所要求的专门化人力资本；而且通过科学研究活动，为经济社会发展提供了大量科研成果，从而极大地提高了国民经济的效率。20世纪中后期，新科技革命使科学成为生产力的作用和过程发生了质的变化，科学技术上升为第一生产力，科学发现转化为现实生产力的时间也大为缩短。科学技术不仅物化在生产的物质条件下，还体现在高度熟练的劳动力以及生产的科学组织和管理上。这样，人力资本在经济增长和产业结构升级中的价值不断提升，人力资本成为经济发展中最重要的生产要素，现代高职教育服务于产业发展的功能显得越来越突出，教育的内容、形式、理念以及教育结构顺应经济发展需要和产业发展需要也在不断创新，现代高职教育体系日渐完善。

（二）高职教育与区域产业协同发展将促进就业

高职教育在本质上，就是把受教育者培养成拥有某一岗位需要的职业技能的高素质劳动者，简而言之，是一种是培养“职业人”的教育，具有明显的职业性。

高职院校在培训和教育学员的过程中，让学员获得某种职业素质、技能和发展潜能，树立正确的职业道德观，并最终让学员能走向合适的工作岗位。高职教育就是就业教育，高职教育必须以就业为导向进行改革创新，要牢牢把握面向社会、面向市场的办学方向。就业是民生之本。服务于解决大多数人的就业问题，满足人民群众不断发展变化的就业、转岗以及下岗再就业的需求，这是高职教育的立足之本。

高职教育的一个最为重要的经济功能，即促进就业。现代高职教育就是以就业为导向的教育，在当前我国所处的发展阶段更是如此。高职院校应该更加注重职业技能的培训，更加注重学生的实践水平和动手能力，真正实现高职教育的目标，让受训学生得到充分就业。经济的发展过程，也是一个资源不断重新配置的过程，随着经济的发展，产业结构也不断升级，资源不断由第一产业向第二、第三产业转移，这也是资源不断由低附加值、低技术含量产业流向高附加值、高技术含量产业的过程。这种资源的重新配置表现在存量资源的转移和增量资源的配置两个方面，其中人力资源是最为重要的资源。尤其对我国来说，从计划经济体制转向社会主义市场经济体制转变的过程中，许多新的企业或经济组织会不断出现，而一些陈旧老化的企业又将会淘汰消失。总的来说，社会上企业数量会不断增加，社会分工也会越来越细，从而衍生出更多的新职业和新岗位，同时也会淘汰一些过时陈旧的职业岗位。在这个过程中，劳动力的流动、劳动技能的更新必不可少。大量的工人需要转岗，许多工作需要从一个产业转移到另一个产业，需要从一个企业转移到另一个企业，需要从一个部门转移到另一个部门，从而促使经济结构不断调整、升级、优化。劳动力转移所出现的结构性失业，会促使劳动者不断适应科技、经济和社会的发展需要，及时参加高职教育或职业培训充电学习，掌握新的技术和能力。高职教育在承担起培训重任的同时，也就会有效减少结构性失业，提高就业率，促进产业结构的优化和产业竞争力的提升，最终促使经济不断向前发展。

（三）高职教育与区域产业协同发展将提高人力资本

随着科技的不断进步，经济增长所要求的劳动者素质不断提高。现代教育对经济增长的作用，正是通过将知识形态的生产力不断传递，提高现有和未来劳动者的素质，推动劳动生产力的提高和经济增长。在过去的经济发展中，人们主要依靠资源、资金和劳动力的大量投入来推动经济发展，这种以高投入、高消耗和高污染为特征的经济发展模式所带来的后果是整个生态系统平衡的破坏，以及经济发展的不可持续。因此它随着经济发展阶段的变化，慢慢被人们所抛弃。近几十年来，人们越来越认识到人力资源开发在实现经济社会可持续发展中的作用，尤其是进入1990年代后，各国政府为了能够在21世纪竞争中立于不败之地，纷纷将人力资源的开发作为国家可持续发展战略的一个重要方面。

从人口数量上来看，我国是人口大国，但是人口的质量，特别是人口的受教育程度依然处于较低水平。为了能够在今后继续保持经济发展的良好势头，在日趋激烈的综合国力竞争中立于不败之地，我国必须高度重视人力资源的开发，变人口劣势为人才优势，变人口大国为人才强国。同自然资源一样，人口作为推动经济发展的一种资源，对人类的经济社会发展发挥着巨大的影响。正如美国经济学家哈比森所言，人力资源是国民财富的最终基础。在所有生产要素中，资本和资源属于被动的生产要素，只有人才是能动的生产要素，通过积累资本，开发自然资源，建立社会、经济和政治，推动国家向前发展。

具体来说，人力资源在经济社会可持续发展中所起的作用主要表现在提高劳动生产率，促进经济发展。由于人力资源是一种“活”的“能动”的智力资源，它可以通过人力资本的投资来获得，作为人力资源的主体，劳动者通过接受教育培训获取知识和技能，进而在生产过程中增加技术含量，提高劳动生产率。人力资源所具备的这种对经济的推动作用，在西方经济学家的实证研究中已经得到充分验证。

提高公民素质，才能推动社会进步。人力资源的开发主要靠教育，而普及教育可以促进人们的思想意识和道德观念不断得到更新，从整体上提高国民的综合素质。另外，人力资源的开发能促进经济发展，提高公民生活水平，能有效增加一个国家公民整体上的幸福感和满足感。人力资源的开发促使人类更加合理使用自然资源。由于人力资源的开发可以有效促进生产率提高，使得原来在生产过程中不能利用的自然资源也得到利用，从而减少生产过程中的浪费现象。同时，由于科学技术的发展，人类可以找到许多的替代资源来代替日益枯竭的不可再生的资源。

总之，具有较高素质的人力资源，特别是经过高职教育培养出来的具有职业素质的技术技能型人才是推动经济社会持续发展的重要因素。经济的发展越来越依赖于科技的进步，而科学技术的创新和运用，必须通过具有较高素质的技能型人才来予以实现，知识经济时代和科技时代的来临对人力资源的开发提出了新的挑战。在生产过程中，人是知识的载体，掌握一定知识的人才既是知识的创造者，同时又是知识的使用者和传播者，知识型人才成为社会和经济发展的最大推动力。从这个意义上说，知识经济时代中的竞争，事实上就是知识型人才的竞争，这就需要改变传统的人才培养方式。根据知识经济发展的需要，在人才培养过程中强调创新的作用，同时建立起一个合理的人才结构和知识创新体系。

（四）高职教育与区域产业协同发展将推动技术进步

技术进步是经济发展的一个基本因素，但技术进步又依赖于专业化劳动力的推动，因此，专业化劳动力在产业结构升级中有着重要作用。技术进步的过程包括发明、创新、扩散和应用等四个阶段，专业化劳动力与技术进步的这四个阶段都有着密不可分的联系，高职教育其本身所强调的职业性就包含了专业化的特点，它通过根据职业要求来培养人才的方式突出了教育过程中的专业性。高职教育主要培养技术技能型和应用型人才，它在技术进步的四个阶段中都发挥着极其重要的作用，在扩散和应用环节更是如此。尼尔森和菲利普斯认为，技术扩散的过程实际上是人力资本的投资和形成过程。技术扩散的主要形式是专业训练和技术培训。因此，技术扩散要求培训者（如教师或工程师）和受训者都具备一定的人力资本，否则技术扩散根本无法进行。尼尔森和菲利普斯的研究表明，技术扩散的范围和速度与一个国家的人力资本存量具有密切的关系。尽管生产设备、工艺流程等物的因素表现出了一定的技术水平，但是技术的主要贮存形式是人力资本，因为任何先进的技术都是由人创造和由人掌握的，最终都会作为一种知识贮存起来，成为技术创新的起点。只有通过增加教育、培训的投入，积累大量的专业化人力资本，技术势能才能不断提高。

高职教育的重要功能之一是不断提高从事生产的劳动者的科学技术水平与生产劳动技能，从而促进科学技术迅速转化为生产力，推动经济发展。高职教育在让学生掌握基本科学文化知识的同时，更让学生学会操作先进的生产设备和通晓生产的工艺流程，让他们掌握最新的技术，更大范围和程度上扩散技术，发挥技术优势，加速技术向现实生产力的转化，促进经济更快发展。

技术应用是指将新技术应用到经济部门或生产领域的过程，它需要一支数量庞大的，适应现代化大生产的管理队伍和熟练的技术工人队伍。没有相应的人力资本条件，任何技术都将不能应用或不能有效应用，这在发展中国家得到了广泛证实。许多发展中国家为迅速提高技术水平，从发达国家大量引进先进设备，但由于本国人力资本的缺乏，这些设备未能有效地发挥作用，发展中国家利用同样的设备生产出来的同样产品，其性能和质量远低于发达国家。

作为主要培养提供熟练技术工人的高职教育，在技术应用这一环节的作用就显而易见。此外，高职教育基于与企业得天独厚的紧密联系，职业院校可以联合生产部门和企业共同掌握最新的科技成果，合作兴办高新技术产业，将学校的研发智力资源直接输入产业系统，充分发挥合作双方的优势，加速科技成果繁荣推广和应用，促进社会经济的发展。

（五）高职教育与区域产业协同发展将提高劳动生产率

社会生产力中最重要的组成部分是劳动力，劳动力技能越高，他创造的财富就越多。劳动者的素质大部分需要通过后天的训练才能形成，马克思曾经指出，依靠教育和训练培养出来的熟练劳动力或科技人才是不同于简单劳动力的。劳动力通过这一最佳载体转化为现实生产力。这一个必须要有的“桥梁”和“纽带”就是教育。

作为知识形态的潜在的生产力，科学技术只有通过教育才能实现再生产，只有通过教育培养出掌握科学技术和技能的劳动者，才能使潜在的因素转化为现实的因素，特别是对生产、管理、服务第一线劳动者的培养更为突出。曾有资料认为，一个受过初等教育的工人可使劳动生产率提高30%，一个熟练工人进修一年可提高劳动生产率1.6倍。然而，我国每年的科技成果有80%不能转化为现实生产力或在转化过程中搁浅，原因尽管是多方面的，但其中一个重要的原因就是劳动力的技能素质较低与科学技术的发展不相适应。从实际情况看，大多数企业的技术工人不但量少而且素质也达不到要求。

现实的生产过程中，由于一线劳动者职业素质的原因影响新工艺、新技术实现转换的现象屡见不鲜，在一定程度上阻碍了经济的发展。显然，当知识日益成为社会生产力、经济竞争力、经济成就和国家实力的关键因素时，高职教育则通过提高劳动者的职业素质和技术水平可以加速生产技术的更新，通过培养适合经济需求的各类人才可以为经济持续发展提供良好的人力资源，进而促进经济发展。高职教育对劳动生产率的影响主要表现在如下几个方面：

（1）高职教育影响掌握新工种、新技术的速度。通常新工种的出现，新技术的应用，都可以大大提高劳动生产率，而掌握和熟练运用新工种和技术的能力与劳动者的受教育水平和职业培训程度有关，工人掌握新技术的时间与其受教育的水平和职业培训程度成正比。

（2）高职教育节约企业培训成本。企业从职业院校中大量招工，节省了培训过程中时间、培训人员和其他物质成本，因为企业的培训成本已转嫁到职业院校。因此，高职教育起到了节约企业培训成本，进而提高企业的社会劳动生产率的作用。

（3）高职教育可以降低工作事故发生率。大量事实证明，工作事故责任者多为未受过或受过很少职业教育者，随着受职业教育层次的提高，工作事故发生率会明显下降。任何技术都将不能应用或不能有效应用，这在发展中国家得到了广泛证实。许多发展中国家为迅速提高技术水平，从发达国家大量引进先进设备，但由于本国人力资本的缺乏，这些设备未能有效地发挥作用，发展中国家利用同样的设备生产出来的同样产品，其性能和质量远低于发达国家。作为主要培养提供熟练技能工人的高职教育，在技术应用这一环节的作用就显而易见。

此外，高职教育基于与企业得天独厚的紧密联系，职业院校可以联合生产部门和企业共同掌握最新的科技成果，合作兴办高新技术产业，将学校的研发智力资源直接输入产业系统充分发挥合作双方的优势，加速科技成果繁荣推广和应用，促进社会经济的发展。

第三章　温州高职教育与区域产业的发展现状及问题

高职教育与区域产业如何协同的问题是高职教育改革与发展的核心问题。为此，本书选定民营经济的发祥地温州作为研究对象，从温州高职教育与区域产业的发展历程及现状入手，分析温州高职教育与产业协同发展存在的矛盾，明确提出温州产业调整和升级的过程中区域高职教育承担的具体任务和改革方向，为实现温州高职教育与区域产业的协同发展提供必要的理论支撑。

第一节　温州高职教育发展历程及现状

一、温州高职教育的发展概况

温州高职教育发轫于 1999 年，先后成立了温州职业技术学院、浙江工贸职业技术学院、浙江东方职业技术学院、温州科技职业学院、浙江安防职业技术学院等 5 所高职院学校，其中国家示范性高职院校一所。十多年来温州高职院校累计培养出 7 万多适应温州经济发展一线需要的生产、建设、管理和服务类的技术技能型人才。目前，温州高等职业院校共有在校生 3.2 万人，开设有机械类、电子电工类、商业类、建筑类、农林类等专业，建设有国家示范性重点建设专业 5 个，国家技能型紧缺人才培养示范基地 1 个，省级特色优势专业 32 个，省级示范性实训基地 14 个。温州高职教育基本涵盖了产业发展的所有门类，职业教育已然成为温州经济与社会发展的重要支持力量，职业教育与产业发展已经形成协调互动、相互促进的良好发展态势。

2010 年 10 月，温州市被国务院办公厅列为“开展地方政府促进高等职业教育发展综合改革试点”承担地区，制定了《温州市高等职业教育校企合作的若干规定》，有效地促进了政府、企业、行业与高等职业院校协同办学、深度合作、真诚联动、共谋发展。在省市政府统筹指导下，温州积极吸引、激励企业积极参与高等职业院校办学，进一步推动学校与外部关系的建设，建立起上下联动、内外互动的高等职业教育发展新机制、新平台和新环境。在应用性导向这一根本原则指导下，温州高职院校根据温州区域产业需求的变化对办学模式、专业设置和功能任务进行了持续的改革调整。温州高职院校培养的学生就业率一直保持在 90% 以上，毕业生在温州就业比例保持在 75% 以上，高职教育已经成为温州区域经济发展的重要支撑。

二、温州高职教育的专业结构

近几年来，温州高职教育办学规模稳步扩大，专业结构不断优化，初步建立了与区域产业协调发展的专业体系。2014 年专业布点涵盖了 10 个大类 61 个专业。其中，商业类、信息技术类、农林类、电子电工类、机械类、建工类专业在校生人数分别为 8 200 人、3 500 人、2 700 人、2 500 人，2 100 人、2 000 人，专业布点上居于前五位的是农林类专业 10 个，商业类专业 9 个，信息技术类专业 8 个，机械类专业 7 个，电子电工类专业 7 个。

虽然温州高职院校专业结构调整取得了一定成效，但是在专业设置与产业发展，人才培养质量与企业技术进步等方面仍存在一些问题，还不能完全适应温州产业结构调整和升级的需要。

三、温州高职教育的体制结构

高等教育体制结构主要是指办学体制投资体制、行政管理体制等。1999年以来，温州市不断推进高职教育办学与管理体制改革，通过调整、合作、合并活动，新组建了5所高职院校，多渠道、多形式地推动温州高等职业技术教育的发展。在主管部门领导下，温州市高职业教育突破单一的国家办学体制，出现了企业办学的模式，2002年经浙江省人民政府批准，浙江东方职业技术学院成立，它是浙江省最早开办的高职院校之一。学院于2012年底改制后，现直属温州市人民政府，归口温州市现代服务业投资集团有限公司管理，学院的主要负责人由市委、市政府任命。

虽然，2010年10月，温州市被国务院办公厅列为“开展地方政府促进高等职业教育发展综合改革试点”承担地区，但是截至2014年温州地区真正意义上的民办高职院校为零。我们不难发现温州在创新民办职业教育办学模式，在鼓励支持各类办学主体通过独资、合资、合作等多种形式举办民办高职教育，引导社会力量参与教学过程等诸多方面还有很长的路要走。

四、温州高职教育的布局结构

从区域分布来看，温州的5所高职院校全部集中在鹿城、龙湾、瓯海三个市中心区。依据2013年2月5日温州市出台的加快高等教育发展的实施意见“1+5”文件，为进一步优化温州高等教育结构，创新办学体制和运行机制，形成利益相关方合作办学、共同育人的长效机制，增强办学活力，温州职业技术学院分别和瑞安市、永嘉县合作成立瑞安学院、永嘉学院两个二级学院，浙江工贸职业技术学院与苍南县合作成立苍南学院，温州科技职业学院和平阳县合作成立平阳学院，高职教育发展势态良好。

对高职院校来说，深入县域办学能获得更多的社会资源支撑，更好地实现服务地方经济的办学宗旨。事实上，高职院校、地方（县）之间各有优势，也各有需求，而“县校合作”正是实现优势资源互补、满足各自需求的有效途径和产学研合作的有效手段。新形势下的高职教育在国民教育体系中的特殊地位决定了其必须与社会相结合，与区域经济发展相结合，“县校合作”大大拓展了高职教育的发展空间。然而，在经济最发达的乐清和相对落后的泰顺、文成等地并没有相应的二级学院设置规划，这种地域分布不均衡的情况容易导致高职教育资源难以有效地配置，从而制约温州市高职教育的发展，在一定程度甚至加大了区域间经济发展的不平衡。

第二节　温州经济与产业发展历程及现状

一、温州的改革发展历程

中国的经济体制改革从 1979 年开始，至今已 30 多年，经济体制改革带来的制度变迁对沿海地区产业结构变动产生了深刻的影响。我们将 30 多年的经济体制改革历程划分为四个阶段，具体分析经济制度变迁对沿海地区产业结构变动的影响（见表 3.1）。

表 3.1　经济制度变迁对沿海地区产业结构变动的影响

改革阶段	主要特征及表现
第一阶段 （1978—1984）	在“计划经济为主，市场调节为辅”的框架下对传统计划经济制度作有限的变革，其实质是向农民、地方、企业放权让利下的浅层次改革
第二阶段 （1984—1992）	改革的指导思想是“有计划商品经济”，改革的重点从农村转向城市，重点是企业承包制。实行价格双轨制、建立市场体系、财政包干制

续表

改革阶段	主要特征及表现
第三阶段（1992—1997）	改革指导思想是“社会主义市场经济”，改革方式由重点突破转向全面推进。一是建立现代化企业制度，实行股份公司试点和有限责任公司制。二是在财税体制上实行中央与地方的分税制制度。三是在金融体制改革方面，强化了中央银行职能，推进政策性金融与商业性金融的分离。四是开始建立各种适应市场经济的社会化、市场化的就业保障制度
第四阶段（1997 年至今）	重点是调整和完善所有制结构，一是进一步明确提出“要从战略上调整国有经济布局”，二是明确提出“非公有制经济是温州社会主义市场经济的重要组成部分”。这一时期制度变迁的最主要特征是所有制结构的多元化发展

改革开放前，温州社会经济水平比较落后。当时的情况是“三少一差”：即人均耕地少，全市人均耕地原来不到半亩，现在只有 0.33 亩；国家投入少，建国后到 1981 年的 30 多年，国家对温州的投入累计只有 6.55 亿元；可利用的自然资源少，除了矾矿外，没有更多的可开发的自然资源；交通条件差，当时没有机场、没有火车，仅有一条通上海的水路和路况很差的 104 国道。温州的改革开放就是在这样一个基础上起步的。

改革开放 30 多年，温州的发展也大体经历了五个阶段。

第一阶段：从 1970 年代末期到 1980 年代中期，温州从“一辆车子、两个轮子”起步，“一辆车子”就是发展商品经济，“两个轮子”，一个是家庭工业，一个是专业市场，从而找到了最低有效启动点，开创了千家万户搞家庭工业、千军万马发展个体私营经济的局面。

第二阶段：从 1980 年中期到 1990 年代初，温州在家庭工业和个体私营经济的基础上，大力发展股份合作经济，促进了企业制度的创新，创造了温州经济格局的新优势。

第三阶段：邓小平南方谈话和党的“十四大”以后，温州开展以提高经济整体素质为核心的二次创业，实行质量立市，集中解决了发展过程中的突出问题，使经济和社会发展上了一个台阶。

第四阶段：党的十五大以后，温州根据党中央提出的东部有条件的地方要率先实现现代化的要求，加快推进现代化建设，全市进入由提前实现小康向提前基本实现现代化迈进的新的发展阶段。

第五阶段：2008 年金融危机过后，温州经济呈现新常态，主要体现在投资增速减缓，消费与出口拉动作用增强；从要素驱动逐步过渡到创新驱动；落后产能淘汰，新兴业态崛起。

总的来看，改革开放 30 多年温州经济和社会发展取得很大成就：

一是经济迅猛增长。经过初步核算，2013 年全市生产总值 4 003. 86亿元，按可比价计算，比上年增长 7. 7%，增幅比上年提高 1. 0 个百分点。其中，第一产业增加值 115. 39 亿元，下降 0. 8%；第二产业增加值 2 015. 48 亿元，增长 7. 8%；第三产业增加值 1 872. 99 亿元，增长 8. 0%。按户籍人口计算，人均地区生产总值 49 817 元（按年平均汇率折算，8 044 美元），增长 7. 1%。国民经济三次产业结构为 2. 9∶50. 3∶46. 8，第三产业比重较上年提升 0. 4 个百分点。财政收入占 GDP 比重为 14. 5%，比上年上升 0. 4 个百分点。民营经济占全市国民经济比重达到 81. 9%。

二是城乡面貌发生巨变。改革开放前市区建成区面积只有 20 多平方公里，2014 年已发展到 120 平方公里；原来基础设施很落后，现在温州已经成为交通部确定的全国 45 个公路主枢纽城市之一，温州港成为全国 20 个主枢纽港之一，温州机场、温州火车站客货运量名列全国同类场站前茅，温州市成为全国第一个电话号码升八位的地级市。

三是人民生活水平大大提高。改革开放以前，不少老百姓不得温饱。现在老百姓富起来了，全市已经提前实现小康。2013全年城镇居民人均可支配收入37 852元，增长8.7%；城镇居民人均消费性支出25 624元，增长6.9%，其中食品类支出9 936元，占38.8%。全年农村居民人均纯收入16 194元，增长10.0%；农村居民人均生活费支出11 724元，增长8.3%，其中食品类支出5 418元，占46.2%。城镇居民人均住房建筑面积41.67平方米；农村居民人均居住面积42.17平方米。年末每百户城镇居民家用汽车拥有量41.26辆；每百户农村居民家用汽车拥有量21.20辆。

二、温州产业结构的现状

我们根据人均GDP和产业结构变化两个指标，对照钱纳里的总量标准（见表3.2），对温州近10年经济发展所处的阶段和发展模式进行判断。从人均收入水平看，温州2000年人均GDP 1 750美元左右，所对应的工业化阶段处于工业化初级阶段的初期，2013年人均GDP 8 000美元左右，所对应的工业化阶段，基本处于工业化高级阶段的初期。

表3.2　钱纳里人均经济总量与经济发展阶段关系（单位：美元）

经济发展阶段		人均GDP 1970年	人均GDP 2000年	人均GDP 2013年
初级产品生产阶段		140—280	780—1 560	930—1 860
工业化的实现和经济的高速增长阶段	工业化初级阶段	280—560	1 560—3 120	1 860—3 720
	工业化中级阶段	560—1 120	3 120—6 240	3 720—7 440
	工业化高级阶段	1 120—2 100	6 240—11 800	7 440—13 900
工业化后的稳定的增长阶段	发达经济初级阶段	2 100—3 360	11 800—18 850	13 900—22 310
	发达经济高级阶段	3 360—5 040	18 850—28 270	22 310—33 500

温州自1999年经教育部批准创办第一所全日制高职院校，比照职业教育发达的德国，1960年代德国也刚刚进入工业化的中级阶段，由于德国产业界对于工程技术人员有着大量需求，迫使德国启动了新型的高等教育机构的设置，德国高等职业教育的专业设置、人才培养一直随着区域经济结构的调整和产业升级而进行调整。由此看来，温州1999年开始进入了工业化和经济的高速增长阶段，产业的发展也必然促使温州高职教育的大发展。

从产业结构变化上看（见表3.3），温州的第二、第三产业呈上升趋势，第一产业呈下降趋势，1990年第三产业首次超过第一产业，但第三产业的增加值一直低于第二产业，由此判断温州当前产业结构总体上依然处于工业化的实现和经济调整增长阶段。但国际上，发达国家三大产业都遵循“农业下降，工业上升，服务业比重日益加大”的模式，并且服务业都在一个阶段开始超过工业，如韩国、新加坡、中国台湾、中国香港的第三产业比重都早在1995年超过50%，中国上海也从2000年开始超过半数，达到50.63%，由此可见，温州产业结构的变化方向与产业结构变化趋势总体上相一致，但同样明显滞后于国际发达水平，所处的阶段仍处于工业化的实现和经济高速增长阶段，面临新的增长压力，同样也具有很大的发展空间。

表3.3 1990—2013年温州GDP中三次产业的比重变化

	第一产业（%）	第二产业（%）	第三产业（%）
1990年	27.4	44.7	27.9
1995年	10.3	58.3	31.4
1999年	7.3	57.4	35.3
2000年	6.6	57.5	35.9
2005年	6.2	56.6	37.2
2006年	5.3	56.6	38.1

续表

	第一产业（%）	第二产业（%）	第三产业（%）
2007年	4.7	57.2	38.1
2008年	3.8	61.5	40.2
2009年	3.3	62.3	40.7
2010年	4.7	61.3	42.3
2011年	3.2	52.2	44.6
2012年	3.1	50.5	46.4
2013年	2.9	50.3	46.8

从工业结构上看，改革开放以来，轻工业一直是温州工业的主体，在结构中的比重超过55%，2005年重工业首次超过轻工业，这意味着温州工业向重化工业发展阶段迈出了坚实的一步。1978年以来温州工业结构在轻、重工业两者间的分布变化，据资料反映，和韩国、新加坡、日本大阪、中国台湾等地的工业结构一样，都非常明显地经历了“以轻工业为主体转向以重工业为主”的发展历程。

自2010年以来，以政府推动为主导进行战略性结构调整，制定出台了《温州产业发展目录》和《温州市产业布局规划(2003—2015年)》，强势推进先进制造业基地建设，大力发展船舶工业、临港石化工业及精细化工产业，高度重视电子信息产品、高附加值加工等高新技术产业新的增长点的培育，传统产业也在进行高科技改造。以上说明，温州产业结构正处于关键的转型调整期，需要我们切实把握机遇，推进温州产业的发展。

三、温州产业结构变动的特点分析

要充分把握温州经济的发展脉络，除了从纵向上认识温州经济发展所处的阶段以外，还需要进一步深入分析目前温州市产业结构的基本特点，尤其是第二产业（主要是工业）和第三产业内部结构。只有全面把握温州经济所处的阶段和基本特点，才能准确认识产业发展的方向。我们从多个角度考察温州经济的内在联系，其产业结构变动具有以下特点。

（一）明显的二元经济结构

从工业在GDP中的构成看，温州工业比重较高，农业比重较低，较发达的工业与落后的农业并存，表现出明显的二元经济结构特点。改革开放以后，温州工业经济迅速发展，从而使温州工农业比重发生了历史性的变化。如把温州产业结构与全国、全省其他地区比较就可以看出，温州一二产业之间的差距比其他地区大得多（见表3.4）。

表3.4　温州与全国、全省产业结构比较（2010）

比较对象	GDP总值（亿元）	第一产业（%）	第二产业（%）		第三产业（%）
			非工业（%）	工业（%）	
全　国	116 694	14.8	52.9		32.3
全　省	9 395	7.7	52.6	46.6	39.7
杭　州	2 099.8	6.0	51.9	45.2	42.1
宁　波	1 786.9	6.3	56.0	50.0	37.7
绍　兴	1 089.3	7.5	59.2	52.5	33.2
温　州	1 226.4	4.7	57.2	51.8	38.1

从表3.4可以看出，温州三次产业中第一产业比全国低约10个百分点，第二产业比全国高约5个百分点，第三产业比全国高约6个百分点。如果单从第一产业在国民经济各部门中所占的比重看，温州产业结构的特点与目前发达国家的水平已较为接近，但是如果深入分析温州市农业的实际情况，它其实与发达国家的状况有着本质的区别。因为目前温州市农业的基础仍十分薄弱，

无论是产出水平还是技术含量，与发达国家都无法相比，因此尚属于弱势产业。第一产业与第二产业的巨大差距，正反映了温州经济的二元结构特点。另一方面，从劳动力构成看，温州产业结构的基本特点是第一产业占的比重在逐步降低，而第二产业和第三产业从业人员的比重逐步上升（见表3.5）。2011年，温州全年新增城镇就业岗位12.29万个，下岗失业人员再就业人数2.30万人，分别增长22.5%和14.9%；年末城镇登记失业人数2.64万人，城镇登记失业率为2.18%，比上年末下降0.18个百分点。全年培训农村劳动力4.73万人，实现转移就业2.45万人。

表3.5　2000—2011温州市三大产业的劳动力结构（%）

年　份	第一产业	第二产业	第三产业
2000	44.3	25.5	30.2
2001	39.4	29.9	30.7
2002	37.6	31.5	30.9
2003	34.5	34.3	31.2
2004	33.4	35.0	31.6
2005	31.8	36.3	31.9
2006	30.7	37.3	32.0
2007	29.5	38.1	32.4
2008	27.3	40.1	32.6
2009	26.7	41.5	32.8
2010	26.1	40.9	33.0
2011	25.5	41.3	33.2

从工业企业组织的规模结构看，温州产业组织大多以小型企业为主，大中型企业数量很少，而且在各行业中所占比重较低。从工业内部的行业结构看，工业结构轻型化，且行业集中趋势日趋明显，表现出向服装皮革、机械仪器仪表、橡胶塑料制品、电

气机械器材等行业集中的趋势。温州经济以“小商品，大市场”而闻名，其产品多是以皮鞋、服装、眼镜、打火机等轻工产品为主，工业部门结构偏轻型化。

（二）温州新兴产业改变了人才的就业结构

随着经济的发展，人均国民收入的提高，劳动力首先由第一产业向第二产业移动；当人均国民收入提高到一定程度时，劳动力便从第一产业和第二产业向第三产业移动。当前温州经济的结构性特征越来越明显，呈现出“二三一”的发展态势。

从构成看，第一产业所占的比重从2000年到2011年下降了3.3个百分点，第二产业所占比重上升1.5个百分点，第三产业所占比重上升7.2个百分点。伴随着经济结构的大调整，三次产业就业结构也发生了明显的变化。1978年，温州70%的就业人口从事农业的局面有了很大的改观，相当比例的人口转而从事工业和服务业。

2000年到2011年，温州第一产业人才资源的比重下降了12.6个百分点，第二产业人才资源的比重上升了5个百分点，第三产业人才资源的比重上升了7.6个百分点。（见表3.6）

表3.6 1978—2011年温州产业结构与人才结构数据

年份	GDP产业构成比（Yi/Y）			专业人才产业构成比（Li/L）		
	第一产业	第二产业	第三产业	第一产业	第二产业	第三产业
1978	42.2	35.8	22.0	70.5	17.3	12.2
1980	38.1	40.7	21.2	68.7	18.2	13.1
1985	33.9	42.6	23.5	62.4	20.8	16.8
1990	27.4	44.7	27.9	60.1	21.4	18.5
1995	10.3	57.5	32.2	52.2	23.0	24.8
2000	6.5	55.4	38.1	50.0	22.5	27.5
2001	6.1	54.3	39.6	50.0	22.3	27.7

续表

年份	GDP 产业构成比（Yi/Y）			专业人才产业构成比（Li/L）		
	第一产业	第二产业	第三产业	第一产业	第二产业	第三产业
2002	5.2	54.0	40.8	50.0	21.4	28.6
2003	4.6	54.5	40.9	49.1	22.6	28.3
2004	4.5	53.7	41.8	46.9	22.5	30.6
2005	4.1	54.4	41.5	44.8	23.8	31.4
2006	3.6	55.0	41.4	42.6	25.2	32.2
2007	3.3	54.0	42.7	40.8	26.8	32.4
2008	3.1	53.3	43.6	39.6	27.2	33.2
2009	3.2	52.0	44.8	38.9	27.6	33.5
2010	3.2	52.4	44.4	38.7	27.5	33.8
2011	3.2	51.5	45.3	37.4	27.5	35.1

第三节　温州高职教育与区域产业协同发展存在的问题

一、高职教育与区域产业发展水平不相适应

改革开放以来，温州经济发展步入快车道，尤其是进入1990年代以后，温州经济总量实现了跨越式增长。继2000年跨越1 000亿元，2013年全市生产总值达到4 003.86亿元，1978—2013年，全市生产总值年均增长超过10%，超过全国同期平均水平。然而，近几年温州经济“脱实向虚”，大多数经济增长指标下滑、全省排位“垫底”，针对这一困局，新一届温州市委班子作出重返实体经济的重大战略部署，实施振兴实体经济的“十大举措”。尤为突出的是，创新温商回归机制，全年到位内资410亿元，增长94%，总量超过前三年总和。全市着力推进企

业转型升级，完成个体户转企业2.2万家，居全省第1位。小企业转规模企业638家，居全省第2位，规模企业转股份制企业133家，超过改革开放以来的总和。

与此同时，高等教育事业也实现了跨越式发展，2014年温州市拥有普通高等学校10所，全年招生23 468人，高等教育毛入学率51.5%，远高于全国平均水平。但是，相比较于浙江省的杭州和宁波，温州高职院校的数量和在校生人数远远落后，温州目前已经正式批准的设置院校只有4家，筹备建设的1家，在校生人数约3万人。很显然，温州的高职教育规模已很不适应温州经济与产业的需要。温州的高职教育必须在调整专业结构和提高人才培养质量的基础上，继续稳步发展，为温州经济与产业的发展提供有力的人才支持和知识贡献。

二、高职专业结构与产业结构调整不相适应

高职教育是按职业岗位需要的专业培养人才，高职专业结构主要是由区域产业结构决定的。从温州产业发展及高职教育专业结构的情况分析，温州高职教育专业结构上存在的主要问题是工科教育仍比较薄弱，高职高专院校专业布点最多的是财经大类，占布点总数的21.29%，在校生人数最多的是会计专业，竟占到总在校生人数的18.2%。产业发展急需的制造大类、土建大类等工科类专业布点分别为布点总数的8.5%、8%。温州临港工业发展急需的化工类专业、船舶类专业、光电信息类专业及太阳能光伏产业等新兴产业急需应用型人才，温州发展现代服务业所需要的公共服务人才的培养仍然是空白，由此可见，温州高职教育专业结构与产业结构调整发展并不相适应。

三、高职教育布局结构与产业结构发展布局不相适应

高职教育的发展水平是由一个国家或地区经济水平决定的。

同样，区域经济结构决定了高职教育发展的布局结构，并直接体现在高职院校的设置、专业的布点上。从温州的高职发展情况看，随着高职教育办学体制改革的不断深入，高职教育的办学重心在不断下移，县校合作开设二级学院在温州各个高职院校普遍展开，温州职业技术学院、浙江工贸职业学院，温州科技职业学院各自在瑞安、永嘉、平阳、苍南开设二级学院。而在温州下属的经济最为发达的电器之都乐清市，并没有设置与之相适应的高职院校的二级学院。

从目前温州高职院校的发展建设过程来看，存在的最大问题是二级学院办学定位不清，未能很好地依据地方经济发展要求来制订发展规划，未能按区域经济结构，特别是产业结构发展来开展高职院校的布局规划，未能按区域经济和技术创新的要求来组织，更多表现为为了扩大办学规模而开展的圈地运动。

四、高职的人才培养规格与产业发展的要求不相适应

随着温州不断推进产业结构的转型升级，产业技术含量不断提升，产业竞争力不断增强，迫切要求高职教育不断提高办学层次和人才培养质量。区域产业发展和技术进步不仅要求调整高职教育的专业结构，其更深层次、更有意义的是要求调整人才培养方案、改革教学内容、课程体系和教学方法，不断培养与之相适应的各类高质量的专门人才。

但是，由于国家宏观决策的影响，温州的职业教育人才培养规格仅仅停留在专科层次，相关职业院校都是原来的中专改制而来。高职教育在人才培养上存在的主要问题在部分专业人才培养目标、培养规格未能充分体现职业岗位（群）对知识、能力、素质提出的新要求，教学内容和课程体系未能及时汲取企业进步的新知识、新技术、新工艺，一定程度上造成人才培养质量不到位。

五、高职教育与产业发展之间缺乏良性的协同发展机制

经济发展和产业结构决定了高职教育的规模和结构，高职教育的规模和结构又对经济发展和产业结构调整具有推动和促进作用，实现这两者之间的良性互动，最关键的就是要建立相互联系、相互作用的互动机制。但是，长期以来，由于主管部门未很好地将高职教育发展列入区域经济发展规划，特别是未将高职教育的专业建设列入行业发展规划，对高职教育事业发展未提供较全面准确的人才需求预测信息，对高职专业结构的建设和调整未提出明确的导向等一系列问题，在一定程度上形成了温州高职教育与温州经济和产业发展不相适应的状况。同时，一些高职院校未主动开展市场调研，未深入把握好产业发展趋势，未主动建立产学结合机制；相反，片面追求专业门类齐全，片面追求办学规模，也在不同程度上造成了高职教育与区域经济和产业发展脱节的问题。

第四章　温州高职教育与区域产业协同发展实证分析

高职教育为区域经济发展培养一线急需的高素质技术技能型人才，区域的经济和产业发展与高职业教育的规模和结构密切相关。进入21世纪，温州为适应经济结构和产业结构的战略性调整，走新型工业化道路和建设温州国际轻工大都市的需要，加大对高职教育规模和结构调整的力度。本章将通过对温州高职教育与产业发展的协同程度进行实证分析，结合定性与定量分析，对高职教育和产业发展各自的内在机理及相互关系有一个清晰认识和深刻把握；在明确温州高职教育与区域产业发展的协同程度与高职教育对温州经济发展的贡献度的基础上，为如何适应经济和产业发展变化进而调整和优化区域高职教育的规模和专业结构提供实践依据。

第一节　基于模糊积分的协同度评价

高职教育与区域产业发展的协同度是指不同地域的高职院校在人才培养、科研、服务领域互相合作、互相影响的程度。高职教育与区域产业发展的协同度到底是多少才可以算是协同，目前为止众说不一，但大家都有一个共识，那就是高职教育应当适应并适度超前于经济与产业发展。这就具有很大的模糊性，从根本上否决了传统的通过数据进行精确评价的方法。这里，我们借用模糊积分评价方法对高等教育结构与经济结构协同度进行评析。

一、模糊积分评价的原理

（一）模糊测度、模糊积分概念

模糊测度与模糊积分的概念是 1974 年由日本学者菅野道夫首先提出的。随后，模糊测度与模糊积分理论的研究取得长足的进展，形成了模糊数学的一个重要分支，并在若干领域，特别是多目标决策过程中得到应用。

所谓积分，无论是黎曼积分还是勒贝格积分都不外乎是被积函数和测度函数的一种内积，不同的只是以不同的测度为基础。模糊积分是模糊集的隶属函数关于模糊测度的积分。模糊测度和模糊积分的定义分别如下：

定义 1

若映射 $g: \lambda \rightarrow [0, 1]$ 满足条件：

（1）$g(\phi) = 0, g(u) = 1$；

（2）$A \subseteq B \Rightarrow g(A) \leqslant g(B)$；

（3）$A_n \nearrow (\searrow) \Rightarrow \lim\limits_{n \rightarrow \infty}(A_n) = g(A) \quad (n \geqslant 1)$

则称 g 为模糊测度；（u，λ）为模糊可测空间；（u，λg）为模糊测度空间，其中 u 是基本空间，λ 为 u 上的 σ^- 域；$A_n \swarrow$（$\searrow$）表示 A_n 为单调增（减）序列。在定义中，条件（1）表明 g 为有界非负性；条件（2）为单调性；条件（3）为连续性。

定义 2

设（u，λg）为模糊测度空间，h 是 U 上可测函数，$A \in \lambda$。h 在 A 上关于 g 的模糊积分定义为：

$$\int_A h(u) g(\cdot) = \sup_{\lambda \in [0, 1]} [\lambda \wedge g(A \cap h\lambda)]$$

式中，$h_\lambda = \{u\ h(u) \geqslant \lambda\}(0 \leqslant \lambda \leqslant 1)$；$g$（ ）表示某集合

的测度。

特别当 $A = u = \{u_1, u_2, \cdots, u_n\}$ 且 $h(u_1) \geqslant h(u_2) \geqslant \cdots \geqslant h(U_n)$ 时，记 $A_i = \{u_1, u_2, \cdots, u_i\}$，则积分公式为

$$\int_A h(u) \circ g(\cdot) = \bigvee_{i=1}^{n} [h(u_i) \wedge g(A_i)]$$

根据不同的应用情况选取不同的算子在模糊测度上可以定义不同的形。

（二）模糊积分多目标决策应用原理

设 X 为待评判的某一客体，它具有参加评分的品质因素：$x_1, x_2, \cdots, x_n$。对于 X 的每个子集 A，都对应地赋予一个介于 0 与 1 之间的实数 $u(A)$，它是 X 凭借 A 中品质因素所能得分的最高限额，可以用来描述因素集合 A 的重要性。显然，u 满足：$u(X) = 1$，$u(\phi) = 0$；若 $A \subseteq B \subseteq X$，则 $u(A) \leqslant u(B)$。由于 X 仅具有有限个品质因素，因此 u 自然为（X，λ）上的模糊测度，称为重要性测度，它评判专家们某种经验的数量化，同时也是公认的评判准则。重要性测度可以通过多种方法得到，一般可以通过运用层次分析法计算得出。在对 X 的评判过程中，固定的评判员先对客体 X 的每个品质因素 x_i 作出评分 $f(x_i)$ $[0, 1]$ $(i = 1, 2, \cdots, n)$，则该评判员对客体 X 的综合评价值为：

$$E = \max \sum_{i=1}^{n} f^{(i)} u(A^{(i)})$$

式中，$f^{(i)}$ 为 $\{x_l\}_{i=1}^{n}$ 按从大到小重排后的第 i 个，$A^{(i)} = \{x^{(1)}, x^{(2)}, \cdots, x^{(n)}\}$ 为 $\{x_l\}_{i=1}^{n}$ 按相应重排后的前 i 个。实质上，E 便是评分函数关于重要性测度的模糊积分。

由于单个评判员对客体 X 品质的评判总是摆脱不了评判员的主观性，而客体 X 的各项品质因素 X_i 都有它们固有的品质指标。

$$g_i = g(x_i) \quad g(x_i) \in [0, 1] (i = 1, 2, \cdots, n)$$

所以对 X 的最理想评判应是可测函数 g 关于重要性测度 L 的模糊积分。

$$E_0 = \int_X g \, \mathrm{d}_u$$

为了消除或减弱个人的主观片面性，无倾向地选取 m 名评判员，让他们对客体 X 同时进行评判，各自独立地对 X 的各项因素 X_i作出评分。

$$f_j(x_i)(i = 1, 2, \cdots, n; j = 1, 2, \cdots, m)$$

固定某个 i，众多评判员对 X 的品质因素 X_i的无数次评分是具有数学期望 g_i的母体 F_i，而 m 个评判员对 X_i的某一次评分 $\{f_1(x_i), f_2(x_i), \cdots, f_m(x_i)\}$ 是母体 F_i的一个容量为 m 的简单随机子样，因此，由 Kolmogorov 强大数定律可知，在概率 1 意义下有

$$\lim_{m \to \infty} \frac{1}{m} \sum_{j=1}^{m} f_j(x_i) = g_i \quad (i = 1, 2, \cdots, n)$$

再由模糊积分的收敛定理得

$$\lim_{m \to \infty} \int_x \left(\frac{1}{m} \sum_{j=1}^{m} f_j \right) \mathrm{d}_u = \int_x g \, \mathrm{d}_u = E_0$$

按概率 1 成立，因此当 $m \to \infty$ 时，$\int_x \left(\frac{1}{m} \sum_{j=1}^{m} f_j \right) \mathrm{d}_u$ 依概率收敛于 E_0，即只要 m 充分大，由 $\int_x \left(\frac{1}{m} \sum_{j=1}^{m} f_j \right) \mathrm{d}_u$ 给出的评判值一般总是相当接近于客观评判值 E_0，$\int_x \left(\frac{1}{m} \sum_{j=1}^{m} f_j \right) \mathrm{d}_u$ 称为近似客观评判值。

（三）模糊积分多目标决策应用过程

在进行模糊积分多目标决策时，确定各影响因素对评判目标的权重值非常关键，以往都由专家评分的办法给出，存在很多主观因素。本书采用层次分析法（AHP），对影响决策的各种因素进行层次分析，以确定各因素的权值。此外，还需进行一致性检验，将结果应用于模糊积分多目标决策，使得决策结果更具有客观性。模糊积分多目标决策过程如下（见图 4.1）：

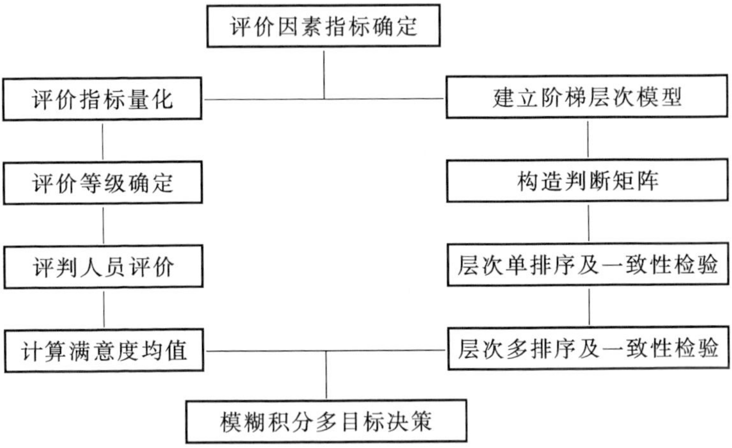

图 4.1　模糊积分多目标决策过程框图

二、评价的基本原则

（一）导向性原则

通过评价给出高职教育与区域产业发展之间协同程度，为高职教育与区域其他各产业部门之间按比例协同发展给出判断标准。

（二）目标性原则

高职教育与区域产业协同发展的目标应为：第一，产业各部门之间按比例协调发展；第二，实现较快的经济发展和良好的经济效益；第三，具有可持续发展的能力。

（三）关键性原则

评价指标尽量做到少而精，评价应定位于高职教育与区域产业发展协同水平，指标的设置应抓住关键。

（四）适用性原则

评价体系设置要符合我国国情和温州区域发展的实际情况，对相同的地区应该有借鉴作用，考核指标设置要清晰、直观、便于计算、比较，具有可操作性，经过适当分解，可以演变为其他考核指标。

三、评价指标体系的建立

作为反映高职教育与区域产业发展协同程度的协同度，应该包含下列基本要求。

（一）地域因素

地域因素包括地区经济和产业发展水平，区域高职教育发展水平和高职支出占地区 GDP 比例，按地域范围主要分为全国范围、区域范围或者是省、直辖市。由于各地区经济与高职教育发展水平参差不齐，如我们对温州市和浙江省高职教育结构与区域产业发展协同度进行评价时，以海洋渔业部门为例，由于地域范围不同，对温州市来说，海洋渔业生产规模规模小、现代化水平低，与高职院校开展合作较少，高职教育和海洋渔业部门之间协调程度低，而对整个浙江省来说情况就不同。高职教育支出占地区 GDP 比例反映了地方政府对高职教育投入水平和重视程度。

（二）人才培养

专业设置是否符合市场需求反映高职院校根据未来行业发展趋势设立专业，满足社会需求的能力。高职院校毕业生就业率指标反映社会各部门对高职院校过去和现在人才培养的认可程度，就业率越高，高校满足社会对人才需求的能力越强；高职教育在校生数量反映了高职院校满足社会对高职教育入学需求的能力，在校生比例越大，说明高职院校满足社会需求能力越强。

（三）应用性研发服务

应用性研发服务包括产学研合作水平和高职院校科研成果转化能力。高职院校是区域智力集中的一个高地，拥有一定数量的各个行业的行家能手和学者专家，具有较强的应用研究开发实力。一方面，高职院校科研成果、专利技术众多，但是无法转化为实际生产力，另一方面，许多中小企业没有科研机构，遇到技术攻关问题时需要寻求帮助。二者能否在科研工作方面开展合作及合作的程度也是评价的因素之一。

对高职教育与区域产业协同度的评价实质上是模糊的，由于协同度自身也包含着几个方面的条件（协同度评价是一个模糊的多维度评价问题），因此，我们可以用模糊积分测度进行协同度的评价，具体指标层次见图 4.2：

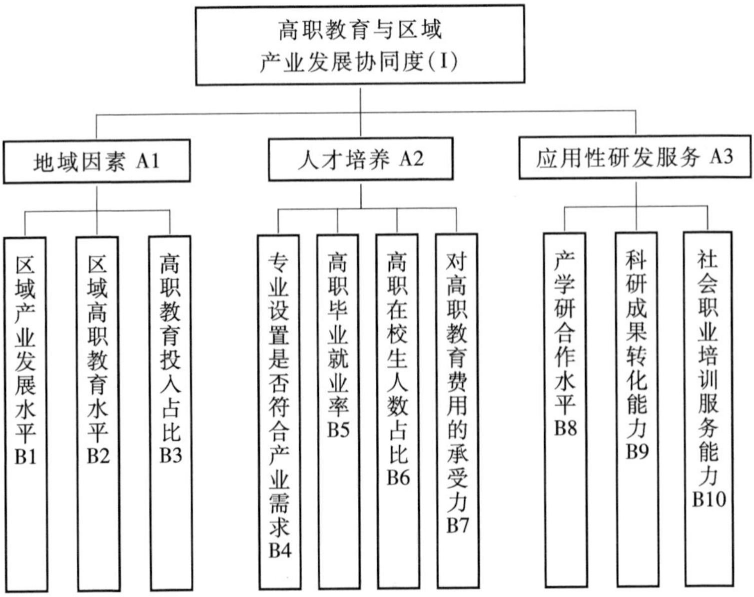

图 4.2　评价指标体系构建

四、模糊积分综合评价过程与结果

在进行实际评价时，如果评价指标比较多，我们可以把它们根据不同属性分成若干类，每一个类别可视为上一层次的一个分系统，则两个层次的模糊积分评价如下：将评价指标分成 p 个类，第 k 个类别就是上一层次的第 k 个分系统，$k=1, 2, \cdots, p$。对于第 k 个分系统利用单层次模糊积分评价方法，可得到待评价对象关于该分系统的评价值 E_k（$k=1, 2, \cdots, p$）。将 E_k（$k=1, 2, \cdots, p$）作为上一层次第 k 个分系统的评分值，可得出评价对象的高一层次的模糊积分综合评价值。这样逐层评判，最终得到评判对象的综合总评价。

我们将建立的高职教育与区域产业发展协同度评价指标体系应用到温州地区，邀请25位专家各自独立地对协同度各层指标作出评分。向专家提供的数据有：高职教育发展水平因子分析数据及结果，经济发展水平聚类分析数据及结果，温州市高职教育在校生人数、专业人数，温州个人及家庭对高职教育支出的承受能力调查数据，温州市高职教育投入数据及效率判断结果等。各专家根据提供的数据及各自对高职教育与区域产业协同发展的认识，分别给出评分，我们将评分结果汇总到表4.1。

表4.1　　评价指标数据表

指标＼项目	各层指标	满意度
地域因素 A1（0.32）	区域产业发展水平（0.42）	0.85
	区域高职教育水平（0.35）	0.91
	高职教育投入占比（0.23）	0.74
人才培养 A2（0.41）	专业设置是否符合产业需求（0.15）	0.79
	高职毕业生就业率（0.24）	0.65
	高职在校生人数占比（0.34）	0.74
	家庭对高职教育经费的承受力（0.29）	0.69

续表

指标＼项目	各层指标	满意度
应用性研发服务 A3（0.27）	产学研合作水平（0.41）	0.35
	科研成果转化能力（0.33）	0.48
	社会职业培训服务能力（0.26）	0.68

这里，我们用 $h(u_i)$ 表示专家对给出指标的满意度，$g(\lambda=0)$ 表示专家对该指标的重视程度。

首先计算第二层第 1 类指标评价价值，根据计算步骤，将 $h(u_i)$ 从大到小顺序排列，即 $h(u_2) > h(u_1) > h(u_3)$

（1）$h(u_2) = 0.41$，$h(u_1) = 0.32$，$h(u_3) = 0.27$。

（2）当 $\lambda = 0$ 是 $h(u_2) = g_2 + h(u_2) = 0.34$，$h(u_1) = g_1 + h(u_1) = 0.32$，$h(u_3) = g_3 + h(u_3) = 1$。

（3）协同度 I_1 为 0.32，同样计算出 I_2 为 0.28，I_3 为 0.24。

（4）将 2 层次计算出来的结果作为 1 层次的评价值，重负上述步骤得出了 I 为 0.31。

评判最终结果为 0.31，说明温州高职业教育与区域产业发展协同程度较低。具体地说，温州高职教育在人才培养和应用性研发服务上的得分较低，这也与我们了解到的现实情况以及前面的分析相符合。对协同度进行定量评价有助于我们对高职教育发展现状有一个正确的了解。如何改善温州高职业教育状况，提高高职教育与区域产业发展的协同度，如何确定最优的高职教育投资结构，使高职教育与各产业部门按比例协同发展是我们面临的一个问题。本书将在下一章就这个问题作进一步探讨。鉴于协同度的相关评价指标界定的模糊性，因此，相关协同度指标的满意程度和重视程度的评价是人为的，也是模糊的。因此，采用模糊积分测度的方法来定量地评价协同度是可信的。

第二节 基于产业结构变动模式的协同度评价

一、钱纳里工业化阶段理论

钱纳里利用第二次世界大战后发展中国家，特别是其中的9个准工业化国家（地区）1960—1980间的历史资料，建立了多国模型，利用回归方程建立了GDP市场占有率模型，即提出了标准产业结构。根据人均国内生产总值，将不发达经济到成熟工业经济整个变化过程划分为三个时期六个阶段，从任何一个发展阶段向更高一个阶段的跃进都是通过产业结构转化来推动的。

（1）初期 产业，是指经济发展初期对经济发展起主要作用的制造业部门，例如食品、皮革、纺织等部门。

第一阶段是不发达经济阶段。产业结构以农业为主，没有或极少有现代工业，生产力水平很低。

第二阶段是工业化初期阶段。产业结构由以农业为主的传统结构逐步向以现代化工业为主的工业化结构转变，工业中则以食品、烟草、采掘、建材等初级产品的生产为主。这一时期的产业主要是以劳动密集型产业为主。

（2）中期产业，是指经济发展中期对经济发展起主要作用的制造业部门，例如非金属矿产品、橡胶制品、木材加工、石油、化工、煤炭制造等部门。

第三阶段是工业化中期阶段。制造业内部由轻型工业的迅速增长转向重型工业的迅速增长，非农业劳动力开始占主体，第三产业开始迅速发展，也就是所谓的重化工业阶段。重化工业的大规模发展是支持区域经济高速增长的关键因素，这一阶段产业大部分属于资本密集型产业。

第四阶段是工业化后期阶段。在第一产业第二产业协调发展的同时，第三产业开始由平稳增长转入持续高速增长，并成为区域经济增长的主要力量。这一时期发展最快的领域是第三产业，特别是新兴服务业，如金融、信息、广告、公用事业、咨询服务等。

(3) 后期产业，指在经济发展后期起主要作用的制造业部门，例如服装和日用品、印刷出版、粗钢、纸制品、金属制品和机械制造等部门。

第五阶段是后工业化社会。制造业内部结构由资本密集型产业为主导向以技术密集型产业为主导转换，同时生活方式现代化，高档耐用消费品被推广普及。技术密集型产业的迅速发展是这一时期的主要特征。

第六阶段是现代化社会。第三产业开始分化，知识密集型产业开始从服务业中分离出来，并占主导地位：人们消费的欲望成现出多样性和多边性，追求个性。

二、温州高职专业结构与产业结构协同指标

根据“赛尔奎因—钱纳里结构变动模式”的基本思想，不同的经济发展水平下的国家，其就业结构与产值结构应保持合理的比例，超出这一比例的程度称为就业结构偏离度，借鉴赛尔奎因—钱纳里结构变动模式，提出高职教育与区域产业协同度计算公式：

$$协同度\ Ci = (GDP\ 产业构成比 / 高职专业毕业生比) - 1$$

$$GDP\ 产业构成比 = Gi/G，专业人才产业构成比 = Si/S$$

其中 Gi 表示第 i 产业的产值，G 表示三大产业总产值；Si 表示第 i 产业高职毕业生数量，S 表示总高职业毕业生数量。如果 $Ci = 0$，则 GDP 高职教育与区域产业是协同发展的，$Ci < 0$，则该产业高职人才供给过多；$Si > 0$，则该产业人才供给不足。若 Ci

偏离系数变化趋向于0，说明两个指标的协调性得到改善，是相互促进的。反之，偏离度系数偏离开0越远，即正值越大、负值越小，说明两个指标间的协调程度越差，即两者的结构不能互相匹配、不能满足相互的需要。

三、温州高职专业结构与产业结构协同度的演变

2000—2013年温州产业结构结合温州高职历届的毕业生统计数据，按照高职教育与区域产业协同度模型计算结果如下(见表4.2)。

表4.2 2000—2013年三大产业人才与高职教育协同度变动情况表

年份	第一产业 S1	第二产业 S2	第三产业 S2	协同度
2002	1.193 5	-0.726 7	0.451 2	2.371 4
2003	1.129 7	-0.749 3	0.455 8	2.334 8
2004	1.043 3	-0.714 3	0.320 3	2.077 9
2005	1.004 2	-0.723 7	0.277 1	2.005 0
2006	0.932 5	-0.734 7	0.242 2	1.909 4
2007	0.809 7	-0.737 9	0.248 9	1.796 5
2008	0.786 8	-0.714 6	0.207 8	1.709 2
2009	0.782 6	-0.723 4	0.203 3	1.709 3
2010	0.772 3	-0.752 6	0.211 6	1.736 5
2011	0.796 8	-0.724 4	0.236 9	1.758 1
2012	0.762 6	-0.754 6	0.209 8	1.727 0
2013	0.722 3	-0.733 4	0.217 8	1.673 5

数据显示，第一、第三产业协同系数是正值，表明第一产业的高职毕业生处于“供不应求”现象，即人才紧缺的状态，温州现代农业的转型发展急需优秀农业技术推广人才和农业生产经营一线人才，同时温州现代服务业的发展需求同样需要高素质的

服务人员，这方面温州高职教育还不能适应需求。第二产业的协同系数为负，高职毕业生出现了“供过于求”的现象，经过多年的粗放发展，由于土地、人力成本提高温州制造业比优势正在丧失，温州转型升级产业政策倒逼能耗大、污染重的企业关停并转，市场对传统制造工人的需求大量减少。

总体来看，温州高职教育与区域产业协同度从 2002 年的 2.371 下降到 2013 年的 1.673 5，基本上处于下降趋势，且变化比较平稳，说明温州的高等职业教育正在主动适应区域产业的调整，但是从绝对数据上来看，温州高职教育与产业结构的构成比例是不协调的，温州高职教育仍然有很大的调整空间。

第三节　协同度评价的实践意义

对高职教育与区域产业发展的协同度进行定量评价，有重要的实践意义，有助于政府相关部门对高职教育发展现状有一个正确的了解，具体表现在以下两方面。

一、通过协同度的评价，找出问题、采取措施、迎头赶上

协同度评价是以整个地区高职教育和各产业部门为对象的一种评价方式，其最终的目标是为了促进高职教育和各产业部门共同发展。因此，协同度评价仅仅是一种手段，通过评价找出影响协同度的关键因素，从而采取措施，改善相关政策和措施，促进高职教育发展和区域产业的发展。

在协同度评价过程中，我们可以借用标杆法（Benchmarking）来作为进行协同度比较和分析方法，即以定量分析温州和其他地区协同度现状，并加以比较和分析。在应用标杆法过程中，将那些出类拔萃的地区作为研究对象，并以该地区协同度作为测定标准，以它们为学习对象。在测定相对于最好地区高职教育与产业

发展协同度的同时，还要发现影响它们协同度的因素有哪些，特别是找出优秀地区是如何实现高职教育与经济各部门在人才培养、科研和服务领域之间的最佳匹配的，找出差距，分析问题产生的原因，从而采取措施迎头赶上。

二、通过协同度分析，合理选择协同度

提高高职教育与区域产业发展协同程度所带来的效应是显著的，如解决企业对专业人才的需求，提高科研成果的转化能力等，同时提高协同度也会导致相关支出的增加。我们知道较高的协同度意味着本地区高职教育与产业发展之间有着良好的互动作用，能够彼此促进。但是提高协同度要牺牲一定的成本，和加大政府的投入，不能盲目追求协同度越高越好，而是要根据实际情况，遵循经济发展规律，借鉴优秀地区经验和做法，逐步改善高职教育与区域产业发展之间的互动关系。

第四节　温州高职教育对经济增长发展的影响

一、温州高职教育与经济增长的格兰杰因果检验

截至 2013 年底，温州市内高等院校达到 10 所，在校学生数超过 10 万人，其中高等职业技术学院数目占半壁江山，达到 5 所。在温州高等教育规模、层次快速发展的同时，经济也在以前所未有的速度发展着。本书通过格兰杰（Granger）因果关系检验来说明温州高等教育和经济增长的关系，并阐述温州不同层次的高等教育对推动经济增长所起的作用如何。

格兰杰因果关系检验的基本含义是：假定事件 X 是另一个事件 Y 的原因，那么事件 X 可以领先于事件 Y。建立计量回归模型分析其具体原理如下：

$$Y_t = \sum_{i=1}^{m} \alpha_i X_{t-1} + \sum_{i=1}^{m} \beta_i X_{t-i} + u_{1t} \quad (\text{I})$$

$$X_t = \sum_{i=1}^{m} \lambda_i Y_{t-1} + \sum_{i=1}^{m} \delta_i X_{t-i} + u_{2t} \quad (\text{II})$$

在回归估计中，可能有四种检验结果：

（1）X 对 Y 产生单向影响，表现为（Ⅰ）式 X 各滞后项前的参数整体不为 0，而（Ⅱ）式 Y 各滞后项前的参数整体为 0。

（2）Y 对 X 产生单向影响，表现为（Ⅱ）式 Y 各滞后项前的参数整体不为 0，而（Ⅰ）式 X 各滞后项前的参数整体为 0。

（3）Y 与 X 间有双向影响，表现为 Y 与 X 各滞后项前的参数整体不为 0。

（4）Y 与 X 间不存在影响，表现为 Y 与 X 各滞后项前的参数整体为 0。

为了区分不同类型的高等教育对经济增长的影响，本书将温州高等教育分为普通高等教育（含本科教育、研究生教育）和高等职业教育（含专科、高职等教育）。我们对 1999 年到 2013 年温州市 GDP、普通高等教育和高等职业教育的数据进行格兰杰因果关系检验。由于数据的可获得性，本书用两类高等教育在校生数来代替不同类别教育投入。

Null Hypothesis	Obs	F－Statistic	Probability
X does not Granger Caues GDP	14	4. 914 595 56	0. 025 649 5
GDP does not Granger Caues *X*		1. 826 544 13	0. 266 741 7
Y does not Granger Caues GDP	14	1. 889 245 58	0. 222 834 1
GDP does not Granger Caues *Y*		16. 565 567 8	0. 001 234 4

上表中 X 为高等职业教育，Y 表示普通高等教育，表中最后一列 Probability 是 F-Statistic 的相伴概率，该概率越小应该拒绝

原假设。从回归分析输出的结果可以发现：GDP 和高等职业教育的因果关系中，高等职业教育是 GDP 的格兰杰原因；GDP 和普通高等教育的因果关系中，GDP 是普通高等教育的格兰杰原因，而普通高等教育不是 GDP 的格兰杰原因。分析表明，在温州市经济增长和普通高等教育、高等职业教育的因果关系中，我们接受了高等职业教育对经济发展具有推动作用的假设，而拒绝了普通高等教育对经济发展的推动作用这一假设。从初步的因果关系检验结果看，温州市的高等教育对经济增长的作用还没有完全显现出来，更多的是通过高等职业教育来推动温州经济增长。由于这一初步结论只是从统计检验的角度进行探讨，为了进一步准确地说明高等教育与经济增长之间相互影响的定量关系，本书利用人力资本分类模型来进行分析。

二、温州高职教育与经济增长的回归分析

本书基于人力资本分类模型，估计温州普通高等教育和高等职业教育对经济增长的贡献度。人力资本分类模型，是源于柯布—道格拉斯生产函数，分类模型的基本形式为：

$$Y_t = A K_t^{\alpha} H_{0t}^{\beta} H_{st}^{\gamma} e^{\mu}$$

其中 Y_t代表产出量，K_t表示资本投入，H_{0t}和 H_{st}分别表示普通和专业人力资本投入。

随着生产力水平的提高和科学技术的发展，一般的劳动力很难适应现代化生产的需要，仅能进行简单劳动密集型生产，对现代经济增长的推动效应已经逐渐衰退。所以，本书借用普通高等教育投入和高等职业教育投入分别代替上述模型中的专业人力资本投入和普通人力资本，得到上述模型的对数形式如下：

$$\ln GDP = C + \alpha \ln CAPI + \beta \ln HIGE + \gamma \ln VOCE + \mu$$

在该对数模型中，温州的国民生产总值、固定资产投入、普通高等教育及高等职业教育的在校学生人数分别由变量 *GDP*、*CAPI*、*HIGE* 和 *VOCE* 表示，C、α、β、γ 为待估计量参数，u 为随机扰动项。考虑可能会出现的多重共线性，本书采用岭回归方法对模型进行回归参数估计，SPSS13.0 输出结果如下，得到标准化的岭回归方程：

$$\ln GDP = 0.765\,334\ln CAPI + 0.032\,416\,2\ln HIGE + 0.121\,233\ln VOCE$$

在上面的 SPSS 回归结果中，由于岭回归在估计模型之前首先对数据进行标准化处理，回归结果不存在常数项，得到的参数估计量表示不同变量之间的相对重要程度。从回归的方程参数中可以发现，固定资产投入（*CAPI*）对经济增长的作用最为显著，贡献率为 0.765 334；其次是高等职业教育，每增长一个百分点，经济就增长 0.121 233 个百分，而普通高等教育的作用却最小，从回归的结果可以看出，其对经济增长的影响较弱回归系数为 0.032 416 2。

上述分析可以证实，该回归分析的结论与前文格兰杰因果关系检验的结果基本一致。在格兰杰因果关系检验中，我们得出温州经济增长是普通高等教育发展的格兰杰原因，经济增长可以促进普通高等教育的发展。但反过来，普通高等教育对经济增长不具有明显的推动作用，即温州普通高等教育不是经济增长的格兰杰原因。这和人力资本分类模型回归分析的结果是一致的。在格兰杰因果关系检验中，我们同时认为高等职业教育对经济增长具有推动作用；而人力资本分类模型回归分析的结果也表明，高等职业教育对温州的经济增长的贡献要远远超过普通高等教育。

通过上文模型的分析，我们可以认为在影响温州社会生产活动的因素中，如果仅将高等职业教育和普通高等教育两者相比较来看，前者发挥的作用较大，而普通高等教育几乎没能发挥出相应的作用。造成这一现象的主要原因在于，当前温州的产业结构为高职院校的毕业生发挥其作用提供了用武之地。2013 年温州国民经济三次产业结构比为 2.9∶50.3∶46.8，即温州国民生产总值主要由第二和第三产业构成。并且在比例最大的第二产业中，温州的工业以传统的劳动密集型轻工业为主，这决定了第二产业对高新技术人才的需求相对较少，而对普通技术工人的需求较多。在第三产业中，高科技行业占的比重相对较小，而交通运输业和批发零售业的比重较大，这使得具有高技能、高水平的普通高等院校毕业生在第三产业中很难有用武之地。

第五章　温州高职教育与区域产业协同发展的应对策略

高职教育与区域产业发展有着十分密切的关系，一定产业结构要求具备与之相适应的教育结构，教育结构通过提供劳动力和人才输送供给保证经济结构调整和发展需要，而经济结构、产业结构和技术结构的调整与发展水平的提升，直接决定了高职教育规模和专业结构调整的重点和方向。从高职教育与区域产业发展的关系来看，我们认为发展高职教育要以地区经济结构和产业结构调整为依据，只有高职教育的规模、专业结构与区域经济结构、产业结构协同发展，才能实现有效供给，从数量和结构两方面满足地区产业结构调整对劳动力的需求，从而走出一条全面、协调、可持续发展之路。

第一节　温州产业结构升级对高职教育改革的要求

目前，温州已初步形成高职教育人才培养体系。该体系能够与产业结构调整发展相适应，满足了社会经济建设、社会发展和科技进步对高职教育人才需求，为温州产业转型优化做出贡献。但温州国际大都市战略的提出和实施以及产业结构的不断升级，对高职教育也提出新的要求，高职教育规模的扩张和专业结构的优化，就是要处理好两种关系——一是高职教育同经济社会发展相适应的关系，二是教育各体系、各层次的比例关系，建立科学合理的教育网络体系，使得高职教育在人才培养、社会服务和科技发展等方面的基本作用得到最大化的发挥。经济和产业结构的调整和升级要求高职教育进行必要的改革。

一、因地制宜，构建具有区域特色、平衡的布局结构

因地制宜，以温州的高职教育为重点，构建具有温州区域特色、平衡的布局的高职教育地区布局结构。在高职教育地区布局的结构调整中要遵循两个基本思路，即一方面要因地制宜地构建高职教育走向大众化的立体网络体系，另一方面要通过充分发挥高职教育大众化网络体系的功能和作用，改变各地区经济文化格局，缩小地区之间差异。

（一）充分发挥国家示范性高等职业院校、国家示范性实践基地的带头和示范作用。以它们为龙头，带动全市高职教育改革和发展，从而实现教育强市的目标。

（二）组建温州市现代化区域高职教育群体网络，该网络以区域高职院校群体为主体，由三个梯队的职业教育群构成。所谓区域高职教育群，指立足本区域经济社会发展能够满足其对高职教育各种需要的职业教育学校集合，主要特点是具有综合功能，并自成体系。三个梯队中，第一梯队是国家示范性高职院校，第二梯队由具有一定规模的和较长办学历史的高职院校组成，第三梯队由新办的或即将开办的公私高等院校组成。

二、构建网络化的结构体系

在终身教育理念和大教育的系统思想基础上，构建各种形式的高等教育横向沟通、纵向衔接、相互交叉、相互联系的网络式结构体系，改变其各自为政的局面。网络式结构体系主要体现在体制上的相通、学制上的相通、质量上的相通，以及资源的

共享。

（一）体制相通

主要指制定和统筹各类高等教育发展战略和规划，理顺各类高等教育的管理体制，建立和完善与大教育系统相适应的领导管理体制。

（二）学制相通

主要指学制系统实行开放式，建立各种形式、各种层次的职业教育相互贯通的教育网络，最为重要的是建立中职与高职，高职与四年制应用技术大学相通的网络立交。

（三）质量相通

主要指为符合高职教育相互衔接和贯通的基本质量要求，建立高校间相互承认和换算学分的机制以及建立各类高等教育的质量保障体系，尤其要建设教学质量标准、专业标准、课程标准、考核标准等操作性文件。

（四）资源共享

资源可以在各高校间进行共享，例如高职院校的图书馆、实验室、实习基地等教学资源向各类高等学校开放，高校教师可以以各种形式在各高校之间进行交流。

三、统筹规划，合理布局，专业结构与产业结构相适应

（一）形成温州市区域、校际、层次之间的专业体系

政府部门要加强宏观调控，全盘考虑，统筹规划，形成温州市范围内区域之间、校际之间、不同层次之间相互促进的专业体系。高等教育主管部门也应加强对专业设置的宏观管理，通过立法、评议等方式，加强对高职院校的专业设置和调整以及人才培养工作的指导；同时协调好不同行业背景院校在专业设置方面的关系。

为提高办学效益，可以考虑适当归并或合办一些重复设置的

传统专业，调整、转向、合并或撤销办学条件不充分或不具备办学优势的专业。为满足经济社会发展对人才的综合素质要求，可以考虑改造传统专业，发展复合型、应用型、外向型、交叉型专业，优化高职专业结构，做到合理布局，统筹发展。

（二）重点发展社会需求大和产业发展急需的专业

必须进行有针对性的且广泛而深入的调查研究，创造条件建立新专业，重点发展社会需求量大和市场经济发展急需的专业。重点发展温州现代化建设中产业结构调整急需的专业以及能够直接为第三产业服务的专业，前者譬如交通、电子、信息工程等，后者譬如现代物流、电子商务、网络金融等。农林类要注意发展与养殖、贮藏、保鲜、加工和高产、高质、高效的农业相关的专业。师范类要加强职业技术教育师资的培养力度，此外，还可以根据温州海岸线长、海洋面积广阔的区位优势，加大力度发展和开设海洋养殖、捕捞、海洋运输等专业。

（三）积极采取促进特殊行业的专业发展的措施

目前，温州在特殊行业、艰苦行业的专业的建设上还存在着许多问题，如经费不足、生源奇缺、师资队伍不稳定、教学设备不配套。为了解决这些问题，保障温州经济社会全面、可持续、健康的发展，一方面要对这些专业制定和实行一定的倾斜政策，增加硬件与软件方面的投入，加强指导，确实予以支持和保护；另一方面要拓展专业口径，强化专业内涵，并根据社会发展对人才的需求，加大专业改造力度，对于一些需求量少，但布点相对较多的专业，积极采取调整、合并或撤销等途径，整合办学资源，将专业集中到办学条件相对较好的学校。

（四）产业结构升级要求高职教育专业实现复合化

现代化的进程加速了知识的分化和复合，现代社会创新的关键就在于具有综合素质的人才，这就要求与之相适应的学校在类型、层次、专业、课程等方面进行改革。高职教育专业的复合化，不仅体现在高职院校类型层次的复合化，而且体现在专业的复合化，它有利于资源的优化配置，也能更好地发挥高职教育系统的规模效益。因此，高职教育专业复合化，既是科学技术发展的需要，也是高职教育真正走向市场的需要。归根到底，高职教育专业设置调整是产业结构和技术结构调整改革的需要。

在进行高职教育体制改革时，坚持以内涵发展为主和遵照共建、调整、合作、合并的方式进行。组建高职院校可以通过强强联合的方式以发挥规模优势，或者通过强校合并弱校的方式以突出和加强优势专业，增加专业学院的类型。

第二节　温州高职教育与区域产业协同发展的原则

改革开放以来，温州经济实现了持续快速增长，随着建设国际大都市口号的提出和深入开展，温州经济结构和产业结构必将发生重大变化，因此产业结构的转型升级问题自然而然成为温州今后一个时期的主要任务。在这个过程中，对于为温州产业发展输送人才的高职教育而言，既是机遇，也是挑战。当前，温州高职教育与区域产业发展还存在诸多不相适应的地方，结合温州今后一段时期产业结构的调整方向，对温州高职教育规模和专业结构进行调整势在必行。

一、规模、结构、质量、效益相统一的原则

我国高等教育是在借鉴苏联教育模式的基础上建立起来的，1980年代以来，为适应国家经济和政治体制的变革，国家对高等教育进行了长期的调整。前一时期，我国高等教育快速发展，使人民群众接受高等教育的机会翻了几番，高等教育结构调整也取得了突破性进展，尤其是1999年以后，高职教育快速发展，

其规模已经超过普通高等教育。虽然改革开放后我国的高职教育质量得到保证和提高，办学潜力和规模效益得到很大发展，但是，由于历史的长期积淀，体制结构中仍存在不少问题，加上改革中也存在一些不合理的因素，这些都对高职教育规模、结构、质量和效益的协调发展产生了一些不利影响。

（一）优化高职教育结构是必要要求

结构决定功能，良好的系统结构、适度的发展规模、高效率的资源配置，是一个组织生存和发展的必备条件。高职教育的发展主要包含几个存在着递进关系的内涵或基本指标：规模的扩大、质量的提高、结构的优化、效率的提高、适应性的增强。结构决定着规模、质量及效益，也包含了质量和效益的一定要素。高职教育结构的优化真正的内涵就是提高高职教育质量、社会效益和规模效益，以获得投入最小化、产出最大化。在高职教育发展中，教育资源的浪费可能是结构性短缺引起的，也可能是结构性过剩造成的。温州现阶段高职教育结构仍存在一些较为严重的问题，尤其是专业结构的不合理和僵化，高职教育层次结构失调，专业设置过于重复，就业口径较窄，新兴和边缘学科发展速度慢，缺少应用型和实用性的专业。规模效益低和办学效益低下，主要是由于过多的专业布点和专业的重复设置等原因导致的，因此教学质量无法上一个新的台阶，毕业生对人才需求的市场变化不适应，从而导致就业困难。随着高新技术、产业结构的调整升级，使得高职教育原本就不合理的专业结构矛盾更为突出。针对温州高职教育专业存在的结构不良问题，要求我们在调整专业结构时要以市场为导向，从不同层次、不同条件的学校实际出发，做出合理的决策。不能不顾市场需求，有什么教师就开办什么专业，也不能不顾自身条件，不积极创造必要的条件，对热门专业一哄而上。高职教育专业结构调整要有预见性，既要考虑到产业结构不断升级和调整的需要，也要顺应高新技术发展趋势，符合知识经济发展的需要。而且专业结构调整不仅需要政府宏观政策有力的指导，更要求高校能够进行自主决策，二者相互有机地结合在一起。同时，随着客观形势的发展，高职教育的层次结构、形式结构也应该随之作出相应调整。优化高职教育结构以应对高等教育大众化带来的剧烈调整变革，实现高职教育从失衡状态向相对平衡转换，达到和谐统一，以发挥其最大的效益。这是温州高等教育大众化进程全面深入的必然要求，也是高等教育和谐发展、构建和谐社会的必然要求。

（二）高职教育持续发展同时要注重教育质量的提高

虽然近年来温州高职业教育发展较快，招生数高于全国平均水平，但无论从满足社会需求还是整个社会成员需要来看，其发展还远未到位。2013 年底，温州高等教育相对规模为每万人口在校大学生数 128 人，比浙江平均水平少 47 人，但是温州的主要经济指标位于全国同等城市的上游，温州的高等教育尤其是高职教育的发展与温州经济实力很不相称。因此，温州高职教育总量和高校规模均有待扩大。考虑到温州近几年经济区发展的实际情况，要想在短期内增加对高职教育的投入，我们就必须充分利用现有条件，提高投入的资源和人力、财力、物力的使用效率，提升办学质量，促进优秀人才的培养。

美国学者马丁·特罗曾经总结了发达国家高等教育的发展模式，从 11 个维度分析了高等教育的基本特征，其中高等教育规模位列第一维度。他的研究证明，高等教育领域同样存在规模经济论。优化高等教育布局，首先要扩大招生以提高高等教育的规模效益。但我们必须清醒地认识到，规模经济在高等教育领域决不是简单的移植。高等教育发展不仅体现在数量的增长，更要有质量的提高，是一种伴随质量提升的数量增长。高等教育质量是高等教育第一生命线。其实质就是高等教育这一过程所培养的人才、提供的成果、开展的服务符合高等教育目的和高等教育事业发展需要的程度，是一种教育目标的适合度。

没有一定的办学规模，高职教育便无法满足人民大众的需求。但在高职教育规模问题上，很多高职院校确实存在某些认识上的误区。比较突出的是把高职当作企业来办，认为招生招得越多越好，办学规模越大越好，却忽视对专业和教学方面的投入。近些年高等职业教育盲目向本科教育看齐，人心浮躁、急于求成，花大量财力、人力搞所谓的做大做强。这样造成有限教育资源的浪费，还严重影响人才培养的质量。

只注重高职教育数量上的增长而忽视质量的提高，这种数量增长只是泡沫式的，所以，要实现高职教育资源的优化配置，不能只靠学校的自觉行为，必须借助政府的力量，打破传统的办学模式和管理体制的限制，加强宏观调控和干预，寻求最佳的调整方案。这就需要政府把不同层次、科类和隶属关系的学校糅合在一起加以通盘考虑，引导各个学校正确定位、定性，从制度上明确教育的差异性。政府重点投入、政策倾斜的重点院校理所当然应该挑起人才培养的重担，为区域培养大批急需的高素质技术技能人才；尽量把市场机制引入高职教育领域，政府放松对学校的管制，减少直接干预。吸引社会各界参与监督高等学校办学，以促使学校自律。

（三）把握发展节奏，首先要树立全面、协调、可持续的发展观

在处理内部关系上，一方面，要正确处理高职教育内部的各种关系。正确处理不同类别、不同层次之间的关系；正确处理数量扩大与质量提高的关系；正确处理内涵发展与外延扩张的关系；正确处理眼前和长远的关系；正确处理规模发展与增加投入、改善条件的关系等。另一方面，要正确处理高职教育发展与经济、社会发展的关系。不仅要顺应高职教育自身的发展需要，也要考虑高职教育与经济社会的协调发展，特别是经济建设、社

会发展和人民群众对高职教育的需要。要努力促进区域高职教育的均衡发展；既要考虑规模发展的需要，也要充分考虑高职毕业生就业等问题。温州高职教育发展，必须统筹好上述各方面的关系，努力把握好发展的节奏，才能做到可持续发展。

政府应对所在地区高职院校加强统筹规划与管理，利用高校的优势，凝聚成发展地方经济的合力，并把高校纳入地方经济发展的整体战略中去，在现有条件下促进地方经济获得更快更好的发展。同时，高职院校对政府的统筹和管理应该积极予以配合，既能获得地方政府相应的支持，不断壮大学校的实力和提高办学质量，又能促进当地经济和产业的发展。

二、高职教育发展与区域产业发展相适应原则

改革开放以来，中国经济增长迅猛，成为世界上发展速度最快的国家，我国高等教育总规模，位居世界第一。但是，我国高职教育发展状况与发达国家的差距较大，其中高职教育经费占GDP的比重与高职在校学生规模都非常低。作为中国民营经济的发祥地，截至2014年12月，温州共有普通高校10所（包括本科院校2所，本科院校创办的独立学院3所，高职高专院校5所），另外还有成人高校温州城市大学和中美合作温州肯恩大学；在校大学生超过10万人，高等教育毛入学率51.5%，整体进入了高等教育大众化向普及化过渡阶段。高职院校不断扩招，在校生人数不断增加，高校毕业生人数也随之增多，这必然会对区域经济发展产生影响，高职教育也必然受到区域经济社会发展的直接或间接影响。同时，随着高校宏观管理体制的改革和管理权限的下放，地方政府在高等教育发展中的地位更加凸显。

（一）高职教育是区域产业发展的动力之源

区域经济是一个由紧密联系的诸要素构成的相对完整的有机系统，且区域内经济、教育、科技、文化相互之间有机结合，协

调发展。区域产业在发展并形成自身特色时，需要与区域产业发展相适应的高职教育系统与之配合，为之服务，该教育系统能够为区域经济发展提供人力、技术等方面的支持和保障。

高职教育健康、快速、有序的发展，将成为推动区域产业发展的重要原动力之一，在区域产业发展中有着不可替代的作用。面对经济结构、产业结构和技术结构的调整，要实现区域产业发展的最大障碍就是缺乏人才的支持，而高职教育正是人力资本形成最重要的手段和途径。因此，高职教育是人才培养的基地，在生产、传播、整合转化知识等方面发挥着重要作用，为区域经济发展提供了人力资源保障。在知识经济时代，高职教育显示出了强大的社会生产力属性，它在地方高科技产业中的地位日益重要。随着传统产业的不断升级和大批高新技术产业在温州的崛起，迫切需要高职院校培养出与区域产业发展相适应的各类人才，他们要能够适应新产业、新技术的要求。另外，这一形势也迫使现有专业技术人员、工人和社会待业人员必须不断更新自己的知识与技术以适应区域产业发展的需要。

因此，高职高专院校要形成自身的特点，构建适应当前劳动力结构需求状况及地区产业发展需要的人才培养模式，始终以区域产业政策、经济结构、行业特点为导向，突出为地区经济建设（尤其是第一产业、第三产业）服务，努力以职业化、技术化的方向形成地方支柱产业新的支撑点以及新的增长点。在具体制度层面上，高职高专院校要根据社会经济发展对职业化、技术化的岗位需求，设置各个相关专业门类的教学计划，以完善的职业教育内容及合理的知识结构体系，形成有针对性的学生培养目标，面向市场就业需要及相关职位标准，突出高职高专院校学生培养中的职业素养教育，使其充分适应相关技术领域的职位要求。

此外，适应形势需要，利用多方面的社会资源，包括政府相关部门、公司企业等，积极与其开展各种类型的联合办学，是高职院校连接校园与社会、培养适应日新月异的经济发展形势的紧缺人才的有效途径，当前的实践经验是通过有针对性地选择一批有特色、应用型、教学力量强的专业与企业共建，高校可以合理借鉴。

（二）区域产业发展对高职教育的作用和影响

高职教育的发展依赖区域产业的发展水平，前者需要后者为其创造良好的外部环境，并且提供必要的经费支持与政策条件。区域产业发展水平对高职教育具有重要的作用和影响，表现在：首先，区域产业发展水平影响高职教育的规模和速度。产业发展的水平和可用于高等教育投资的数量决定了一个区域的高职教育发展规模和速度。如果区域产业基础薄弱，经济发展水平低，那么可投资于高职教育的经费就少，其规模和速度也就会相应地减缓。同时，发展较快的区域由于对高职教育投入的增多，物质生活条件的改善，人们接受高层次教育的需求愈加旺盛，从而大大刺激了该区域高职教育进一步发展。

其次，区域产业发展对高职教育的人才培养模式，规模和速度提出更高的标准和要求。高职教育的培养目标、内容和手段都立足社会实际，从实际情况出发，才能更好地为国民经济和社会生产各部门培养和输送各种高级专门人才。从根本上说，高职教育结构内部发展变化趋势和调整改革方向一定程度上受到产业结构直接或间接的制约和影响，主要体现在两个方面：

1. 市场经济条件下，高职院校要生存和发展，就需要有足够的生源，这样学校才有充足的资金保障，因此对生源产生了极大的依赖性。而学生大都从自身的发展出发，十分注重专业的选择，因此高职院校在专业设置上立足产业结构对人才的需求，相应地设置专业和培养人才。一旦专业设置和人才培养不适应产业结构，不但不能保证生源的稳定性与持续增长，而且造成人力、财力、物力等资源的闲置与浪费，不利于经济发展和社会进步。

2. 地区的经济结构、产业结构等制约着高职规模和结构。由于不同地区之间的经济结构、产业结构和劳动技术结构的差异，就意味着要建立与之相适应的高职规模和结构，从而培养符合生产和发展需要的各种人才。产业发展水平与速度的差距，也导致高职教育存在着明显的区域差异。

（三）加强统筹规划，建立与区域产业发展相适应的高职教育

高职教育同区域产业的发展水平之间关系是相辅相成和互相促进的，高职教育并不是孤立于区域产业发展之外，体现在：高职教育在推动区域产业发展的同时也要受到区域产业发展水平的制约；同样，区域产业发展一方面受制于高职教育，另一方面对高职教育也有着巨大的推动作用。如果高职教育发展落后于区域产业的发展，由于人才缺乏、技术水平低下、产品技术含量低、缺乏竞争力等原因，区域经济的进一步发展将受到限制；反之，如果高职教育发展超前于区域产业的发展，有可能会产生教育资源的浪费，进而影响到区域经济的良性发展。因此，高职教育必须与区域产业发展水平相适应。

高职教育持续发展使温州高等教育已经从大众化阶段向普及化阶段迈进。随着院校规模的扩大，许多困难与问题也逐渐凸显出来，它们不仅影响到温州高职教育的发展，而且影响院校为区域经济社会服务的能力的提高。主要表现在：一方面，高职院校教育经费投入的增长率远远落后于院校规模的发展速度。另一方面，对地方高职教育的发展缺乏统筹规划。地方高职教育作为区域经济社会发展的重要依靠，面对各种困难和问题，各地方政府应该按照科学发展观的要求，在宏观层面加强对高职教育可持续发展的战略研究，从而最终实现地方经济社会的发展目标。

为了促进与区域产业发展水平相适应的高职教育系统的形成，政府应该从多方面加以努力，充分发挥宏观调控的作用，提

高高职院校区域布局的合理性，优化高职教育体系的层次结构，为区域经济发展提供各层次的人才资源。此外，政府应鼓励高职教育中各种社会力量的参与，吸引政府、企业和社会各方面的力量，大力推进工学结合、发展校企合作，把发展高职教育的积极性向加强内涵建设转变。找准校企双方的利益共同点，注重建立和完善校企合作的持续发展机制，高职教育院校能够通过企业这一载体和平台，制订和完善专业人才培养方案、加强实训基地建设，与行业、企业建立长期稳定的合作关系，实现互惠、互利、合作共赢。

高职教育发展水平不仅直接影响到人才培养的质量水平，而且影响区域产业结构的布局以及区域经济和社会的发展。高职院校在确立人才培养目标时应立足地方，依托地方，科学定位，紧密结合区域特点，形成地方特色，从而更好地服务地方。在人才培养模式上，要以地方人才市场为导向，培养区域社会所需的各类应用型人才。根据温州打造现代国际大都市的需要，改革专业人才培养制度，形成人才培养多样化的新格局。通过专业设置与产业发展结合，人才培养计划与教育教学改革结合，校内教育与校外基地训练结合，课内教学与课外实践结合，努力培养学生的创新精神、实践能力和综合素质，为地方输送经济社会发展实际需要的应用型人才和提供各类服务。

三、遵循高等教育自身发展规律的原则

高等教育具有两条基本规律：一条是外部关系规律，即在高等教育的外部，如政治、经济、文化、科技、人口、地理等因素与高等教育相互作用的规律；一条是内部关系规律，即在高等教育内部，师生之间、领导干部和教师之间、各部门之间等相互作用的规律。由此可延伸出高等教育外部与内部因素相互作用的关系。温州高职教育获得生存与发展的关键在于主动适应与满足社

会主义市场经济发展不断提出的要求。自我封闭、不思改革、因循守旧、不求创新的高等教育定将难以为继。而急功近利，背离高等教育自身发展规律的短期行为，也同样会使高职教育丧失希望。高职教育发展已经进入了稳健发展时期，高职院校办学将进入以内涵发展为重点的战略发展新阶段。

此外，纵观国际上高职教育发达国家的高职教育发展历程，结合国内高职教育水平较为领先的省份地区其高教发展状况，可以获得初步认识，高职教育发展是以经济和社会需求为动力，为满足经济和社会发展对高层次人力资本需求提供服务；高职教育的绩效具有长期性、不确定性、外部性和历史性；高职教育发展依赖思想传承和文化传统。因此，要做到以下几点：

（一）巩固成果，总结经验，进一步夯实高职教育建设发展的基础

要有质量地开展高职教育，积极开展院校联合培养高素质人才工作。社会经济快速增长、知识经济时代到来和学习型社会的逐步形成，城市化、城乡一体化进程的加速推进，将有力地推动高职教育市场的成熟和扩大。要充分发挥示范性建设院校的专业优势，积极推动高职教育的发展，更好地为地方经济社会发展服务，进一步提高高职院校办学效益，实现办学经济效益与社会效益双赢。进一步加强高职院校基本建设，改善高职院校办学基础设施。进一步优化专业结构，完善培养体系，根据扬优、扶新、改老、支重的发展思路，进一步调整专业设置布局，完善专业体系，真正形成专业特色。

（二）提高质量，增强能力，切实提升高职院校办学水平

追求更高的办学水平和人才培养质量是高职教育发展的必然规律。我们应按高职教育规律办学，以加强教师能力建设为重点来提高办学治校水平，从而确保人才培养质量。对于教师而言，学习能力的强弱，决定着教师个体发展的速度和水平，学校应鼓

励和支持教师通过岗位自学、下企业锻炼、参加各级各类研讨班和进修班等多种学习形式，拓宽视野，加快知识更新速度，不断提高学习能力。认真组织教师开展各类教研活动，互相交流学习提高。

要建立健全教育教学质量监控和评价体系。建立健全助教制度、主讲教师制度，发挥高层次人才和富有教学经验的老教师在教师成长中的传帮带作用。要不断提高教师的科研能力和水平，建立一套行之有效的人才培养和选拔机制，尽快形成一个有利于拔尖人才脱颖而出的科研工作环境，培养一批科研骨干，不断充实和壮大学校的学科带头人队伍，着力提高高职院校的研发能力、为地方经济服务能力、参与区域创新体系建设能力。

（三）树立正确的质量观，协调发展，全面推动

以高职院校内涵建设和提高质量为重点，抓紧解决现存的问题与矛盾。高职院校在发展过程中要正确处理好外延扩展与内涵提升的关系，在巩固现有办学成果，保持一定发展规模，在办学软硬件设施达到一定要求的基础上，再将工作重心转向内涵提升为主，做到快速、健康、协调、可持续发展。高职院校在专业建设上，要面向地方支柱产业和区域特色经济发展需要，贯彻重点突破，整体提升，逐步推进，点面结合的方针，形成自身特色。

四、适度超前发展原则

高职教育的发展应遵循结构调整下的适度超前的原则。所谓适度超前发展指超越当前满足产业需求的状态，在高职教育同其他事业，尤其是产业发展保持良性循环的关系中实现超前发展。但同时也要注重适度原则，在我国基本国情与教育发展规律的范围之内，根据产业发展的不同阶段，确定适度超前发展的具体内涵。

国内很多对教育适度超前发展的研究和阐述，也大都从高职

教育的数量、速度、规模出发考虑该问题而忽视高职教育发展的结构、质量和效益诸多要素。发展的概念，不仅强调数量增加、规模扩大和速度加快，更强调系统的整体优化和协调发展，因此我们就应从发展的角度，从高职教育系统的整体来考虑和理解高职教育的适度超前发展问题。

高职教育发展具有四个要素：规模、结构、质量和效益。其前三个要素都与效益有关，最终体现在效益上。探讨高职教育适度超前发展问题，可以从高职教育四要素协调发展的角度展开。

（一）规模与效益

高职教育办学效益与规模成正比，但并不总是按照一个固定的比率。在同等质量投入水平下，当高职教育规模增加至一定程度，办学效益的提高幅度会随之下降。规模与效益的相互关系一定程度上通过办学成本体现，更主要通过供求是否均衡来体现。这里，高职教育规模决定了高等教育毕业生的供给，经济和社会的发展决定了社会需求量。供大于求和供不应求的现象都反映了高职院校办学效益低。

（二）结构与效益

衡量效益和结构的合理化程度的参照体系是其适应经济和社会的需要状况。因此，单一地从结构合理化程度与效益的关系上看，我们可以认为结构合理化程度越高，其办学效益越好，效益与结构的关系应是一条直线。

（三）质量与效益

高职教育的质量与效益成反方向发展，而且二者并非按照一个比率下降，随着质量的提高，其下降的比率会逐渐降低。在投入和其他内外部环境相同的情况下，如果要提高效益，在实际操作过程中往往会通过牺牲质量来实现。反之，如果要提高教育的质量，就要在一定程度上降低效益。协调发展的是规模、结构、质量的最优面。如果我们从每一个要素出发考虑问题，可以认为质量越高越好、规模越大效益越高、结构越合理越好。但是，规模、结构、质量和效益是个系统面，这四个要素对整个高职教育系统而言，并不是孤立存在的，而是彼此之间互相制约、互相依赖。适度超前发展便是在这个最优面内在质量、效益和结构都能得到有效保证的前提下寻求规模的最优先化发展。

因此，适度超前发展不仅是在规模、结构、质量和效益协调发展基础上的超前发展，而且是在结构、质量和效益合理发展的前提下以规模速度最大为基准的发展。适度超前发展适应高职教育内外部发展规律，既考虑了发展和满足经济社会的需要，同时又考虑了条件的限制和持续性，是具有可持续发展思想的教育发展观，具有科学性和合理性。

第三节　温州高职教育与区域产业协同发展的对策

一、建立与区域产业结构优化升级相适应的高职专业结构

高职院校专业结构与区域产业结构有着紧密的联系。一方面，区域产业结构决定专业结构；另一方面，高职院校专业结构合理与否，又会对区域产业结构的调整和优化起着促进或阻碍作用。在新兴产业部门不断涌现、技术革新速度不断加快的知识经济时代，对高素质人才的需求与日俱增。但高等教育的人才培养周期较长，教育结构的调整也需要一定的时间，这就要求高职院校在专业设置上要超前于经济的发展变化。有什么样的高职教育专业结构就会有什么样的人才结构，产业发展也就会有什么样结构的人才基础。

在建设国际大都市的大背景下，温州不断推进高职院校专业结构调整工作。努力提高人才培养的质量和效益，是温州高职教育改革和发展中面临的一项重大战略任务。当前温州产业结构调

整和升级急需的工程技术类人才、高新技术类人才、高层次经营管理类人才供给不足，一些高职院校重专业外延发展，轻专业内涵建设的现象比较突出，高职院校专业结构仍然存在一些问题，专业办学水平和教学质量亟待提高。

（一）高校专业结构的内涵及其合理化

专业是指高等教育以社会分工需要为前提，以职业分化和综合为依据，根据高职教育自身规律和高职院校的实际可能而设置的培养学生的各个专门领域和学业门类。从专业的内涵可看出，高校专业的设置不仅要以学科为基础，而且主要以社会需要为前提，结合各高职院校的实际，并遵循高职教育自身的规律。因此，在目前社会主义市场经济下，各高职院校改造传统专业，调整和增设新专业，都应本着专业的内涵来进行，否则不仅不利于经济的发展，还会危害高职教育本身。高职院校的专业结构，一般都是适应区域经济发展要求逐步建立起来，并随着产业结构的变化而不断进行调整或改革的。

（二）调整温州高职教育专业结构，促进区域产业结构的优化

近几年，温州高职教育专业建设虽然取得了一定成效，也初步形成了具有较完整规模的高职专业体系，以电子信息大类、财经大类、机械制造大类等为主体，主要为生产、建设、管理第一线服务。根据国家教育部颁布的普通高等学校高职高专教育指导性专业目录的规定，温州高职高专专业涉及面达到 10 个大类 61 个专业，但是与当前温州的经济及产业发展还不适应，而且问题还相当突出。第一，适应新产业结构与经济结构调整相契合的新兴学科和应用专业发展不足。第二，出现了专业新的失调，进而造成人才结构性过剩，比如会计等专业的人才趋于饱和，专业结构又出现新的不合理。受高教惯性思维的影响，温州高职教育在专业设置和改革上与市场需求脱钩较为严重。主要表现在：

1. 专业规划的前瞻性、针对性和适应性较差。专业结构调整滞后于经济结构调整的现象普遍存在。部分专业设置缺乏市场调查，脱离了学校办学定位，与经济社会发展和人才市场需求不相适应。高职院校的专业结构并不适应温州经济结构、产业结构、技术结构，尤其是与高新技术产业、新兴产业调整发展的需要相去甚远，部分专业的建设仍有待进一步加强，如为工业主导产业发展服务的工程类专业以及为发展外向型经济服务的应用型专业。

2. 专业人才培养模式单一，缺乏创新性。部分高职院校教育观念陈旧、人才培养模式较为传统和陈旧，课程体系和教学内容不够先进，教学方法、教学手段相对落后，专业建设水平较低，缺乏有效的复合型人才培养机制，专业的办学优势和办学特色无法凸显。

3. 部分高职院校专业设置存在一定的随意性和盲目性。一些高校片面追求专业齐全，盲目追求专业数量增长，一些供大于求的专业没有得到很好的控制，从而忽视专业内涵建设和结构优化。

4. 部分高职院校办学条件薄弱，建设资金不足。从总体上看，公立院校专业办学条件比民办院校好，部分院校新开设的专业建设经费无法保障，进而导致一些基本办学条件无法满足，如专业图书资料缺乏、实验实训设备不足，使得一些专业教学无法正常有序开展进行。

5. 专业培养方案不够科学规范。一些高职院校专业人才培养计划的目标定位模糊，人才培养目标与办学层次不相适应；教学计划制订不够规范，执行具有一定的随意性；一些院校在教学中侧重于理论教学，实训与生产实践的比重偏低，实践教学薄弱；有些院校制定的专业人才培养方案与本校实际情况不符，也不适应区域人才需求情况，甚至只是照搬照抄。这些都将直接影响人才培养的质量。

在温州高职教育事业发展中，应当注重办学模式和人才培养模式的改革，在组织开展专业改革工作上加大力度，应以服务为宗旨，以就业为导向，面向社会、市场，着力建立和推行职业认证与学历教育相结合、职业培训与全日制教育相结合、职后教育与职前教育相结合的办学模式，实行职业资格证书、学历证书并重的双证书制度。在温州的经济由工业化中期向工业化中后期过渡的大背景下，要提升工业化的等级，需要越来越多的专家、技术人员和管理人员。此外，随着知识、信息和科学技术的相互渗透，直接从事生产活动的人员减少，产业结构和人才结构趋于软化。在这种情况下，温州高职教育可以从两方面加以改善：一方面要密切关注经济和社会发展的新动向，及时对专业设置进行调整，调整必须立足于温州产业结构调整和外向型经济发展的需要。应该加强国民经济发展的关键领域所需人才的培养，对网络信息、机械工程、新型材料、海洋技术、生态技术、环境资源、金融证券、信息咨询等领域的专业进行重点扶持，为区域产业发展提供具有较强竞争力的高素质人才；另一方面为保证人才的质量，还应加强专业和课程的内涵建设，对支撑温州产业结构的电子技术、机械制造等几个专业的教学计划进行重点强化。在就业问题上，要改变过去专业对口的传统模式，坚持广对口、宽择业，加大各个专业之间的交叉融合，努力培养出具有强适应性、高竞争力的复合型人才。

二、认清形势，调整定位，优化高职教育层次结构

高职教育层次结构与区域经济的技术结构紧密相关，甚至可说高职教育层次结构某种意义上由区域经济的技术结构决定，它是社会分工的层次化体现。不同时期区域经济技术结构对专门人才的数量和层次比例的要求也是不同的。高职教育所培养的主要是能够直接适应社会经济发展需要的具有较高专业基础知识及具

有较强实践能力的技术技能型应用人才。相较而言，本科教育更注重学术能力的培养，学生能在充足的学习年限中系统掌握某一专业领域内的基础知识和专业知识，研究生教育以培养从事科学研究和技术开发的学术性、研究性人才为主要目标。

高职教育层次结构必须随着社会经济持续发展和产业结构优化升级而变化。只有不断优化高职教育层次结构，才能更好地发挥高职教育的功能，为社会发展提供人才保障。

（一）温州高职教育层次结构存在的主要问题

虽然温州高职教育层次结构经过调整正逐渐趋于合理化，但仍存在着与社会人才需求结构不相适应的情况，主要表现在以下几方面：

1. 高职院校在办学思路、办学模式等方面缺乏准确的指导思想，导致现阶段高职教育层次结构畸形化发展，高职院校办学一味地追求学校的大型化、综合性，导致在培养目标上好高骛远，脱离学校实际的办学基础以及客观外部条件，盲目升格，以为改头换面一下就能显示出与众不同，大大影响了专科高职人才的培养，这样必然导致培养的人才不能满足社会的需要。

2. 一般认为，专科高职教育的学制相对较短，有较强的针对性，学生在一定的文化和理论的基础上应当侧重进行专业训练，这种培养模式培养的学生是可直接进入就业市场的实用型人才。但是一些独立建制的专科高职教育却不在学校特色和实用性上做文章，一心想着升格，在培养方法和办学理念上拼命向本科教育靠拢，导致这些专科院校办不出特色，培养出来的学生在理论知识上比不上本科生，实际操作能力不如中专生，极大削弱了专科教育本身具有的优势和特点，毕业生在就业市场上举步维艰。而事实上，专科教育人才的培养本该立足于地方的实用性，而不能简单机械地将本科课程压缩或缩减为专科教材。如果这种状况持续得不到根本性的改变，必将阻滞温州高职教育健康持续发展。

3. 高职教育层次结构比例的不协调。这不仅是温州高职教育面临的难题，也是我国高职教育层次结构普遍存在的问题。发达国家的高职教育层次结构普遍呈现金字塔的形状，而我国目前的高职教育层次结构却呈底部小、中间大、顶部尖的状况，而本科层次的高职教育为零，这种现象违背了高职教育战略目标，不适应我国社会和经济发展所需要的人才结构。

（二）高职教育层次的调整与优化受制于经济和产业发展

近几年来，高职教育面临着许多新的机遇与挑战，社会经济结构正在经历着一系列重大战略性调整，因此，高职教育结构也必须进行相应变革，与经济和产业发展接轨。随着新时期技术革新时代的来临，温州各产业部门必须适时从劳动密集型、资本密集型向技术密集型、知识密集型转变。在这个过程中，各种类型的专门人才尤为短缺。为了使高职教育层次结构与市场人才需求相适应，温州应当适当调整目前的高职教育层次结构，大力发展专科层次高职教育，积极开拓本科层次高职教育。

专科层次高职教育培养周期较短（一般为2—3年），专业设置灵活，主要目标是培养具有一定理论知识和较强实践能力，能适应社会生产服务的应用型专门人才，岗位针对性强，实用性大，应是温州当前高职教育发展的重点。因此，适时适度地扩大其办学规模，以解决当前低层次人才的需求短缺问题。

鉴于市场经济对于专门人才的需求不断变化，温州需要充分发挥职业教育改革的政策优势。据2014《现代职业教育体系建设规划（2014—2020年）》和《国务院关于加快发展现代职业教育的决定》的文件精神，鼓励温州现有的三所独立学院温州大学城市学院、瓯江学院、温州医科大学仁济学院转型为应用技术型大学，力求在学校治理结构、学科专业设置机制、人才培养模式、招生考试制度方面进行系统改革，将产教融合贯穿于教育教学全过程，全面提升技术技能型人才培养水平，建设成类似欧美发达国家高等职业教育中的应用技术大学。

三、构建优势互补、相互贯通的高职教育形式结构

温州高职教育形式结构的调整既要因地制宜，迅速构建高职教育大众化的立体网络，又要充分发挥该网络改变各区域经济、文化格局，缩小地区之间差距的积极作用，并采取积极、协调发展的原则，在发展中逐步形成相互贯通的灵活机制。

（一）加强职业后续教育，完善高职教育体系

在高职教育中，第一产业技能人才的培养依然是薄弱环节。当前，我们的专业设置数量从多到少排序分别为第二产业、第三产业、第一产业，尽管有其合理的地方，但不可否认它忽略了第一产业技术人才的培养。此外，温州农村富余劳动力很多，但其中受过专业培训的不足5%，非常不利于从第一产业向第二和第三产业转化，因此，需要进一步加强职业后续教育，完善高职教育体系，营造一个良好的教育生态环境。当前，政府应继续加大统筹力度，进一步地完善应用型人才培养的体系建设，着重注意以下几个方面：第一，结合当地经济发展情况，加强高职高专院校的建设。第二，通过合并、升格等方式，调整现有独立学院。第三，运用政策、税收等手段刺激社会各界或境外人士兴办成人及高职教育。

通过14年的发展，温州高职教育已经取得了跨越式的发展，我们要坚持以科学发展观为指导，继续大力发展两个教育，进一步推进温州经济和产业的发展。随着发达国家制造业产业的转移，温州正面临一个重大的机遇。高职教育在其中更扮演着重要的作用，如何使科技人才和劳动者适应经济发展的新要求，事关温州经济社会发展大局，在做高等教育调整和拓展计划时必须取得政府部门的重视、指导和支持。

（二）优势互补、相互贯通

温州经济转型和调整以及人才战略的实施，并非一蹴而就的。只有深入了解温州的经济和人力资源情况，才能因地制宜，制定出适合不同地区的不同策略，也才能真正实现区域的协调发展。2013 年，温州市生产总值达到 4 003.86 亿元，其中，11 个县市区中乐清和瑞安就占了约 35%，与其他县市形成了极大的差距。不仅地区经济发展体现出极大的不平衡，在人力资源方面也有着同样的表现，因此我们迫切需要改变当前这种不平衡发展的情况，充分利用各种资源，同心协力，建立纵横交错的网络式高职教育体系，优势互补、相互贯通，实现资源共享。

（三）积极探索建立高职教育与产业协同发展的有效机制

促进高职教育与产业协同发展，必须坚持不懈地把为产业结构调整发展服务作为调整高职教育结构的立足点，把推行产学结合作为工作的着力点，把改革人才培养规格作为提升人才培养质量的核心，以发展工科教育为重点，产业发展急需紧缺人才得到加强，基本形成与产业结构相适应的人才培养模式，加快为温州经济社会发展培养各类高级专门人才和高技能人才。

1. 以做好市场调研为先导，增强高职教育的前瞻性和操作性。市场调研是调整高职教育结构的基础，教育部门和高职院校每年都应定期深入行业企业，认真调研产业发展的新趋势，认真研讨企业进步对人才培养提出的新要求，认真制订和及时调整高职教育结构、调整建设规划及年度工作方，提高专业建设的前瞻性、科学性和可行性。

2. 以加强紧缺人才培养为突破口，推动高职教育结构调整。这是教育部门必须尽快启动的重要工作。根据温州产业发展重点领域需求，可先期选择集成电路、半导体和太阳能光伏产业、新材料产业等领域，认真制定好培养计划，整合教育资源，加快急需人才培养。

3. 以创新机制为载体，促进高职教育结构调整工作。产学结合是创新高职教育结构调整机制的根本途径。支持高校和企业联合建设好电子信息、先进制造、新材料与化工等一批创新基地，培养培训产业发展需要的高层次创新人才。支持和促进高职院校和大中型企业联合办学，共建紧缺和急需人才培养培训基地。继续组建好信息、商贸、物流、旅游等一批行业性职教集团，实现高职专业设置与企业需求的零距离。支持校企合作，在集成电路、半导体和太阳能光伏产业领域先行先试，以企业为主体共建实验实训基地。大力推广订单式人才培养模式，推动高职院校按企业需求培养各类专业人才。

4. 以提高质量为核心，深化专业教育改革。把内涵建设作为专业建设的重点。建章立制，聘请一批行业企业专家参加专业设置评审委员会、高职专业教学指导委员会，让企业参与制订专业建设标准和人才培养方案，参与人才培养的全过程。推行按专业大类招生、按需分流培养制度，提高人才培养的针对性。对温州急需但又是国家目录外专业，可按专业方向进行招生。在高职有职业资格证书的专业均建立职业技能鉴定站。建立健全高职高专专业每三年一轮的人才培养方案制度，增强人才培养的适应性。

5. 以建设特色专业为依托，打造高职院校专业品牌。专业水平代表了高职院校水平，支持高职院校建成一批水平较高、应用性较强的省级特色专业，建成一批办学理念先进、紧贴产业发展需求、办学条件好、办学特色鲜明和就业率高的省级高职精品专业，在打造专业品牌、服务温州上发挥示范带头作用。

6. 以加强专业带头人培养为重点，推进教师队伍建设。专业建设的关键是队伍建设。建立高职专业带头人和中青年教师进企业接受培训制度，保证五年中有一年以上在企业第一线从事本专业实践工作，建立校企互通、专兼一体的教师队伍建设模式，聘请企业高级工程技术人员担任专业带头人和专业课实践课教师，其中高职院校专业课来自企业的兼职教师达到60%以上。实行专业带头人负责制，遴选组建专业教学团队。

7. 以政策支持为引导，推动专业结构调整

整合政策措施，在专项经费、招生计划安排等方面对急需紧缺专业给予优先支持。在精品课程、精品专业等教学改革与建设项目上对特色专业给予倾斜支持。充分发挥各类奖助学金、助学贷款的政策导向作用，引导和鼓励学生就读紧缺专业。鼓励企业出资设立奖学金或助学金，支持专业建设。认真落实《财政部、国家税务总局关于教育税收政策的通知》财税（2004839号）的规定，对于企业或个人支持紧缺人才培养工作的各项经费，通过中国境内非营利的社会团体、国家机关进行捐赠的，准予在企业所得税和个人所得税前全额扣除。认真落实《国家税务总局关于印发〈企业支付实习生报酬税前扣除管理办法〉的通知》（国税发72007842号）的规定，鼓励企业积极接受高职学生实习，企业支付给在本企业实习学生的报酬，在计算缴纳企业所得税时扣除。

8. 以就业为导向，推动专业结构调整工作

与有关部门加强联系与协调，定期发布人才需求预测、高校及专业毕业生就业情况的权威信息。建立高校专业数据库，每年发布一次高职院校专业布点情况与布控专业。对毕业生一次就业率低于70%的专业，控制其招生规模；对一次就业率低于60%的专业实行隔年招生；对一次就业率低于50%的专业实行停止招生，进行改造。

四、因地制宜，统筹兼顾，构建高职教育合理的布局结构

高职教育空间布局指在一个国家和地区高职教育资源的空间上的分布、方式上的组合及区域间的联系。与其他布局一样，它

是人类从自发到自觉的，由人工和自然组合而成的并不断发展的集合体，能够满足人类自身需要。随着高职教育的改革和发展，地方化趋势越来越明显，合理的高职教育空间布局问题也逐渐凸显。从大系统观来看，高职教育是社会的一个子系统，而高职教育空间布局是一个有机的整体，必须放在社会背景之中来考虑，可以视其为一个复杂、多元、有序的系统。

结构体系影响高职教育空间布局的变化和发展的各种外部条件构成了环境系统，地理环境、经济环境、科技文化环境、人口环境和政治环境是环境系统的子系统。而布局是否合理，则受到高职教育与任何一个子系统间关系是否协调的直接影响。

（一）地理环境

随着社会生产力的发展，地理环境对高职教育空间布局的影响变得更加广泛和深刻。在计划经济体制下，国家在进行高职教育空间布局时，依靠的主要是行政手段，而在市场经济体制下，地理环境对高职教育空间布局的影响力度加大。温州地处我国东南沿海地区，具有得天独厚的优势，包括优越的地理位置，便捷的交通以及丰富的信息源。因此，优越的自然和经济地理环境下的温州高校能够吸引大批人才进入，从而对温州的经济和产业发展产生重要的影响。

（二）经济环境

高职教育系统在空间布局上要由封闭转为开放状态，并且与经济进行协同发展，才能保证良性运行。一般而言，一个区域的经济实力越是强劲，教育经费就越充足，高职教育的发展基础就越稳固。也就是说，高职教育与产业结构的协调发展是高职教育系统与经济系统的协同性的主要体现。区域的产业结构影响着高职教育在空间上的布局。随着时间的推移，经济结构中应该优先发展的产业也在不断改变。经济发展要求产业的区域结构更加合理，为了追求经济效益的最大化，社会经济按优势禀赋进行地区分工。随着温州的产业结构逐渐优化和升级，所需要的人力资源的素质越来越高，温州高职教育的专业和层次结构也应适应这种要求。

（三）科技、文化环境

高职教育与科技、文化紧密相关，并且是与生俱来的。它对科技、文化的保存、传播和创造具有重要作用。科技与高职教育的关系自产业革命后，就开始发生了实质性的变化，科技教育为主的教育制度迅速发展起来，并壮大成了高职教育的一个重要组成部分。不同区域的优势领域不同，科学技术进一步扩大了各区域的产品层次和种类上的差异。在高科技地区，产业结构优化速度相对较快，高职学校的数量和种类也更多。目前，高职教育和科技对社会的贡献越来越高度相关、相互渗透、相互影响。文化作为高职教育在空间结构上的主要环境，必然会在高职教育系统中打上深深的烙印。在温州确立高职教育目标、重组高职教育的结构必须充分考虑该地区的文化传统、生活习俗和观念信仰等各种复杂因素。

（四）人口环境

人口通常是指在一定地域和时间的人的群体。高职教育空间布局受人口的数量、密度、性别构成、民族成分和素质等因素的影响。如果人口数量多，密度大，一般情况下高职教育生源充足，人才供给和社会需求相对比较旺盛，则有利于高职教育的布局。反之，人口相对稀少的区域，则不利于高职教育布局。但这并不等于人口越多就越有利于该区域高职教育发展。其原因是人口越多就需要有更多的高职教育资源与其相匹配，否则势必会给布局造成沉重的压力。温州不均匀的人口地域结构特点，必将导致高职教育空间布局的不平衡性。

（五）政治环境

政治决定着高职教育的目的，但是需要通过高职教育制度来加以实现。高职教育从某种程度上构成一种政治资源，社会的政治特征可以在高职教育空间布局中得到体现。教育政策对高职教育的影响较为直接，政治虽不直接影响高职教育，但可以通过教育政策这一途径对其产生影响，即通过运用国家的合法权力和影响，按照政治目标制定相应的教育体系、教育法规和教育制度。教育政策在国家政治系统允许的范围内发挥较为积极作用，使高职教育空间布局具有更加明确的目的性，体现出国家意志。其在区域高职教育发展中的作用是难以确切估量的，它不仅能影响区域高职教育发展速度，也能影响地区差异的变化。毋庸置疑，当前温州高职教育滞后于经济发展水平，为提高高职教育的省际竞争力和国际竞争力以及加速实现现代化的目标，我们需要采取一些超常规的策略来促进高职教育的发展，也需要良好的政治环境和有效的教育政策提供支持和保障。

温州目前已初步形成了与区域经济产业发展水平相适应的高职院校布局。1999 年以来，温州不断推进高职教育办学与管理体制改革，通过多渠道，多形式发展高职教育，注重发挥国家示范性建设院校对温州经济社会发展服务的能力与水平。今后一段时期，温州应打造以城区为制高点，乐清、瑞安为支撑，拉动永嘉、苍南、平阳，辐射文成、泰顺的高职教育发展新格局，确保高职教育在温州高教发展中的核心地位，扩大办学规模的同时，提高教育质量，增强办学效益。

第六章　高职教育与区域产业协同发展示范案例

第一节　高职阀门设计与制造专业产教协同发展

一、专业概况

阀门设计与制造专业是温州职业技术学院与温州经济发展关联度最紧密的专业之一，是目前国内唯一经教育部批准开设本专业的高职院校。本专业主要为温州乃至全国阀门行业培养从事阀门技术设计、制造工艺、质量检测、生产管理及技术营销等方面的高素质人才，同时本专业学生也可在城市污水处理、电力、石油化工等领域从事阀门管道的维护保养与检修等工作。

阀门设计与制造专业围绕“岗位、技能、课程”建设课程体系，以企业真实阀门产品为教学载体，构建了“工学交替、能力递进”的教学体系（见表6.1）。

二、培养方向

阀门设计与制造专业毕业生可获取计算机绘图、三维CAD、质量检验（具体考证根据教学安排来定）等职业资格证书，从事阀门企业的技术设计、制造工艺、质量检测、生产管理以及技术营销等岗位（见图6.1）。

表 6.1　阀门设计与制造专业基于工学结合、能力递进的课程体系

<table>
<tr><th colspan="4">阀门设计与制造专业课程体系</th></tr>
<tr><th>专业基础课程</th><th colspan="2">核心课程——基于真实项目的工作过程</th><th>专业拓展课程</th></tr>
<tr>
<td rowspan="2">◎机械制图
◎计算机绘图
◎公差与测量技术
◎工程材料与热处理
◎流体力学与热力学
◎机械设计基础
◎通用阀门概论</td>
<td>* 阀门材料选用
* 阀门设计与计算
* 阀门制造技术
* 阀门检测技术</td>
<td rowspan="2">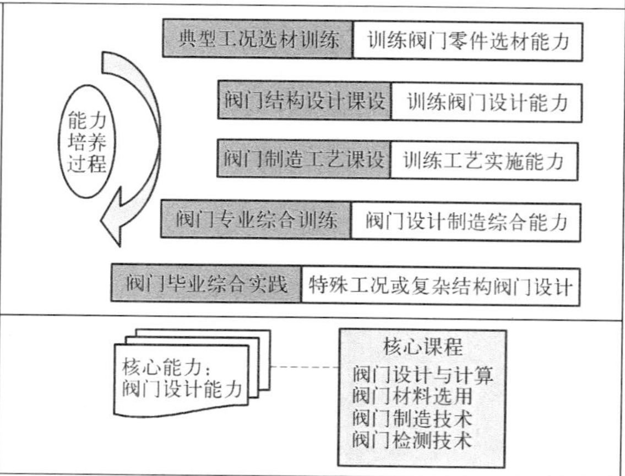
</td>
<td rowspan="2">* 阀门电动执行器
* 阀门液压与气动装置
* 特种设备管理及认证
* 机电产品营销
* 数控加工与编程</td>
</tr>
<tr><td>◇企业体验实习
◇专业综合训练
◇毕业综合实践</td></tr>
<tr><th>专业基础能力</th><th colspan="2">阀门结构设计与计算能力</th><th>创新能力</th></tr>
<tr>
<td>* 二维视图表达能力
* 三维 CAD 表达能力
* 产品实物测绘能力
* 机械设备操作能力
* 一般机械设计能力</td>
<td>◎根据使用工况阀门零件选材的能力
◎阀门结构设计与计算的能力
◎编制和实施阀门零件加工工艺规程的能力
◎具有设计阀门零部件专用工艺装备的能力
◎阀门压力试验、无损检测等操作能力</td>
<td>阀门真实产品为载体
◇闸阀
◇球阀
◇蝶阀
◇调节阀
◇安全阀</td>
<td>◎特种阀门的设计计算
◎材料表面强化处理
◎阀门电动执行器调试</td>
</tr>
</table>

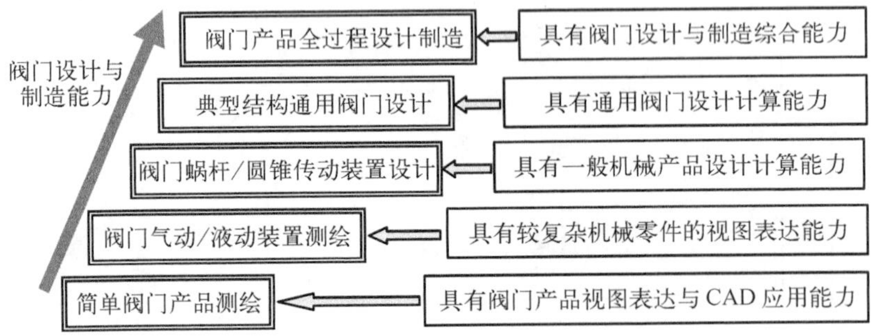

图6.1　阀门设计与制造专业培养方向

三、师资力量

阀门设计与制造专业拥有15位教学、科研经验丰富的专业教师，其中高级职称5位，同时聘请了10多位行业技术专家担任特聘教授。师资力量雄厚，形成了一支知识结构合理、年富力强的师资团队。

四、实训基地、研发平台

（一）实训基地

阀门设计与制造专业实训条件完善，围绕学生专业技能的提升建立了阀门综合技能实训基地，目前已拥有阀门拆装测绘、阀门结构原理实训、材料等离子自动堆焊、阀门材料分析、阀门无损探伤、阀门压力试验、阀门流量测试等实训项目，现有校内实训场地达2 000平方米，并与上正阀门、环球阀门、宣达阀门、保一阀门等10多家知名企业建立了产学研合作基地，2011年被认定为温州市级示范实训基地，已成为温州地区阀门行业最完善的技能实训基地。

（二）研发平台

为了积极主动参与温州市阀门支柱产业经济建设，2011年学院依托本专业成立阀门工程技术服务中心，主要开展阀门行业关键共性技术开发与推广应用、特种阀门产品开发等应用研究以

阀门压力试验

阀门流量测试

材料无损检测（UT）

及为阀门行业提供科技文献信息服务、技术培训、技术咨询等技术服务。中心经过几年努力，2013 被认定为温州市级技术研发公共服务平台。他们取得的成就主要有：

1. 承担了“耐海水腐蚀冲刷专用蝶阀开发”“双向多功能控制阀开发”等多项浙江省教育厅科研课题。

2. 在《中国机械工程》等期刊杂志上发表了多篇科研论文，翻译了数十份国外最新的阀门技术标准。

3. 与宣达实业集团、方圆阀门集团、罗浮阀门集团、新海阀门公司等几十家阀门企业合作承担了钛合金全金属密封蝶阀、燃气平板闸阀等多项横向科研课题。

4. 多项科研成果获得国家专利。

五、合作名企

本专业与温州几十家知名阀门企业开展产学研合作，主要的合作企业有：

（一）伯特利阀门集团有限公司

伯特利阀门集团位于中国民营经济的发源地、温州的“浦东”——“中国泵阀之乡”瓯北，是集阀门研发、生产、销售、服务于一体的无区域行业集团。

集团主导产品包括闸阀、蝶阀、球阀、截止阀、止回阀、特殊阀等 50 多个系列、几千种型号规格。产品采用 ISO、API、ANSI、BS、DIN、NF、JIS、JPI、GB、JB 等国内外先进标准生产。十年创新发展，伯特利集团不断加大软硬件投入，拥有国际先进的柔性生产线、加工中心、数控机床、等离子堆焊、超频真空热处理设备、球面专用数控机床等尖端设备。组建了省级技术研发中心，承担一系列国家重点专项和火炬计划项目，建立了先进的阀门性能检测和试验中心，CAD 阀门设计中心及三维立体模拟制造试验设计系统，率先通过 ISO9001：2000 国际质量体系认证、ISO14001 环境体系认证、OHSAS18001 职业健康安全认证、美国石油协会 API 6A/6D 体系认证、韩国标准化协会 KS 认证、CE 欧盟安全认证、国家质量监督检验检疫总局（TS）认证，美国船级社 ABS 认证，并通过了标准化良好体系确认及计量检测体系确认。如今的伯特利，拥有锻钢阀门、铸造阀门、特种阀门三大生产中心，已成为发展最快、最具实力、最具活力、最具潜力、最具和谐力的民营企业之一，成为温州阀门领军企业，综合实力位居全国阀门行业前列。

（二）宣达实业集团有限公司

宣达实业集团有限公司创建于 1990 年，总部位于浙江温州东瓯工业区，是一家集研发、生产、销售、服务于一体的国家重点高新技术企业。注册资金 1.000 9 亿元，拥有员工 600 余人。现集团旗下共有 10 家子公司，并分别在温州、上海、江苏拥有三大研发和生产基地。

该公司坚持科技引领未来，秉承“宣品质之本，达双赢之举”的发展理念，在行业内率先建立首个民营耐腐蚀特种金属材料研究院（浙江省宣达耐腐蚀特种金属材料研究院），于 2013 年 12 月被浙江省科技厅列为重点企业研究院，并与清华大学、浙江大学、北科大以及日本材料和环境试验公司、世界腐蚀协会等国内外高校、科研院所开展长期合作，确保产品技术领先，推动企业创新，构筑企业核心竞争力。公司建立了完善的质量服务管理保证体系，公司先后通过了 ISO90001、ISO14001、GB/

T28001 管理体系认证；特种设备制造许可证 TS；美国石油协会 API 6D、API 600、API6FA、API 607；欧盟压力指令 CE 认证。

该公司是中国阀协常务副理事长单位；泵协副理事长单位；中石化、中石油以及中核集团等大型企业的网络供应商；是省著名商标、省知名商号、省名牌产品等荣誉称号拥有者。

（三）江南阀门集团有限公司

江南阀门集团有限公司现有职工 800 多人，其中阀门专家和技术人员 90 多人，享受国务院政府特殊津贴教授级高工 3 人；注册资本 3 亿元，总资产 4.7 亿元，年产能 10 亿元。公司通过了 ISO 认证、欧盟 CE 认证、美国 API6D 认证、中国 TS 认证，并取得国家核安全局颁发的核承压设备设计制造资格许可证。公司是国电公司 200、300、600 MV 火电机组辅助设备定点生产企业，同时被选定为中石化、中石油、水电公司、化工装备公司的一级供应商。公司拥有 34 项专利新产品，填补了国际和国内空白，为中国阀门领域的创新进步做出了积极贡献。

该公司产品已广泛应用于国内外 8 000 多家大中型企业和国家重点工程，如国际著名 500 强 ABB 跨国集团公司、长江三峡、秦山核电站，上海东方明珠电视塔、北京石景山发电总厂、首都机场、燕山石化、扬子石化、玉门油田、中南海热力网管、野战输油管线，赢得用户的一致好评，为我国的阀门制造业赢得了荣誉，促进了国际阀门工业的发展。

六、专业荣誉

（一）2011 年阀门综合技能实训基地被认定为温州市级高校示范实训基地。

（二）2012 年被浙江省商务厅认定为浙江省外贸公共服务平台。

（三）2013 年阀门工程技术服务中心被认定为温州市级技术研发公共服务平台。

第二节　高职电机与电器专业产教协同发展

一、专业概况

电机与电器专业是国家示范建设院校重点建设专业，温州市重点建设专业和学院特色优势专业，温州市高低压电气人才培训示范基地。本专业对接电气产业、依托电器行业，与低压电器、成套设备制造等企业合作，培养具有良好的职业道德，适应电器制造领域第一线需要的高素质智能化电器系统开发、电器产品计算机辅助设计等技术型专门人才为主，同时培养部分成套电器设备的装调与维护、电器产品营销等技能型专门人才。

电机与电器专业提出并制订了“多方向、多层次”的复合型人才培养方案，以电器应用为主线，构建了“工学交替、能力递进”三年技能训练不断线的高技能人才课程体系。

二、培养方向

（一）电器及智能化方向

1. 核心岗位

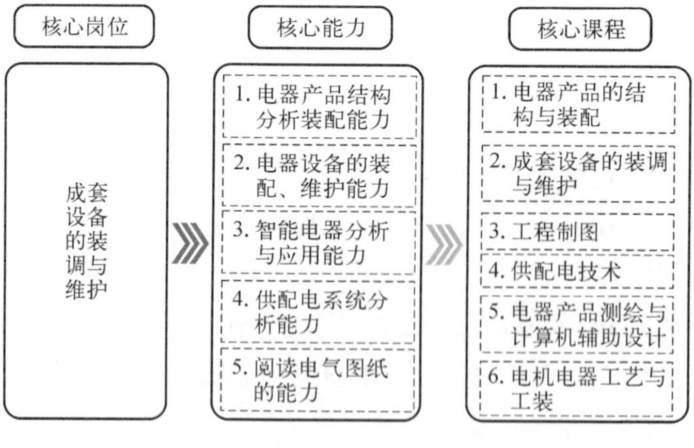

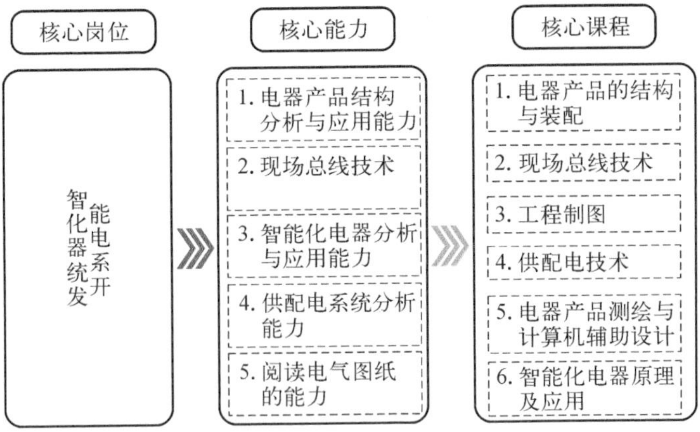

该方向学生毕业后主要去向，主要有：

（1）温州水务集团、温州永强机场、温州绕城高速公路有限公司、温州附属一医等事业单位和大型国企供配电系统维护的岗位。

（2）正泰成套设备制造有限公司、浙江华仪成套电器有限公司、浙江昌泰科技股份有限公司、浙江昌泰电力开关有限公司等大型成套制造公司从事设计、工艺及试验检验等岗位。

（3）正泰电器股份有限公司、德力西电气有限公司、环宇集团有限公司等电器制造企业的电器产品辅助设计、工艺员等岗位。

2. 课程体系

电机与电器专业电器及智能化方向课程体系

专业基础课	专业方向课	专业拓展课	专业实践课程
1. 电工基础及仪器设备的使用 2. 电子电路的分析与装配（一～二）	1. 供配电技术 2. 电器产品测绘与计算机辅助设计	1. 电子CAD及应用 2. 单片机技术与应用 3. 检测与测量技术	1. 专业社会实践 2. 配电线路安装综合实训 3. 电子电路的分析与装配（一～二） 4. 综合设计与制作 5. AutoCAD综合设计

续表

电机与电器专业电器及智能化方向课程体系			
专业基础课	专业方向课	专业拓展课	专业实践课程
3. 工程制图 4. 机械基础与材料选用 5. 电机应用技术 6. 电器产品的结构与装配 7. Auto CAD	3. 成套设备的装调与维护 4. 电机电器工艺与工装 5. 现场总线技术 6. 智能化电器原理及应用	4. 企业管理基础 5. 电器产品的试验与检验 6. PLC 与变频器应用 7. 智能断路器使用与维护	6. 毕业综合实践 7. 顶岗实习 8. 课外实训（一～五） 9. 维修电工高级工考证培训 10. 制图员中级等级考证培训 11. 成套设备的装调与维护综合设计 12. 电机电器工艺与工装综合设计 13. 智能断路器使用与维护

3. 能力培养

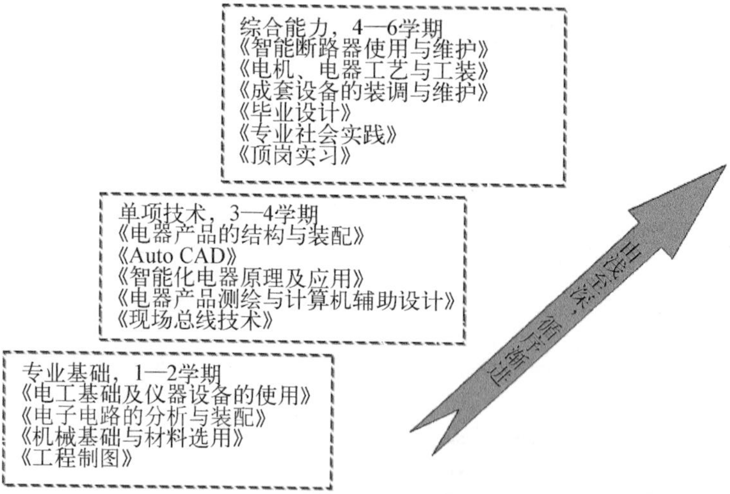

（二）电器产品营销方向

1. 核心岗位

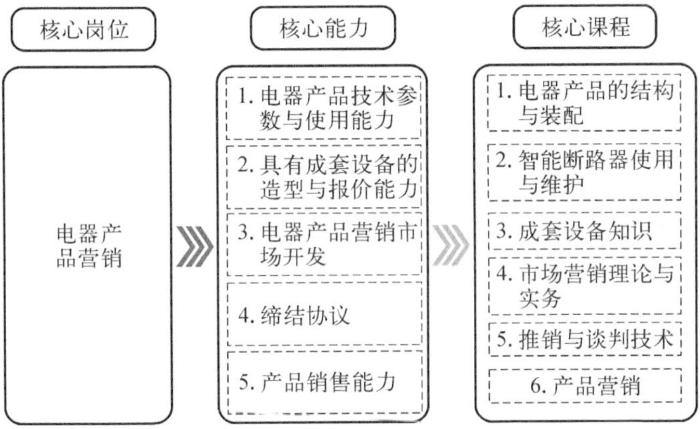

该方向学生毕业后主要去向，主要为各类电器、成套电器设备及电气设备的生产企业、销售公司，从事电器产品、成套电器设备及电气设备等销售岗位。

2. 课程体系

电机与电器专业电器产品营销方向课程体系

专业基础课	专业方向课	专业拓展课	专业实践课程
1. 电工基础及仪器设备的使用 2. 电子电路的分析与装配（一～二） 3. 工程制图 4. 机械基础与材料选用 5. 电机应用技术 6. 电器产品的结构与装配 7. Auto CAD	1. 产品营销 2. 推销与谈判技术 3. 市场调查与预测 4. 市场营销策划实务 5. 网络营销 6. 供配电技术 7. 成套设备知识	1. 电子 CAD 及应用 2. 电器产品工艺知识 3. 销售渠道与终端管理 4. 国际贸易理论与实务 5. 企业管理基础 6. PLC 与变频器应用 7. 电器产品的试验与检验 8. 客户管理 9. 智能断路器使用与维护	1. 高级营销员考证培训 2. 专业社会实践 3. 配电线路安装综合实训 4. 电子电路的分析与装配（一～二） 5. 综合设计与制作 6. AutoCAD综合设计 7. 毕业综合实践 8. 顶岗实习 9. 课外实训（一～五）

3. 能力培养

“电器 + 营销”综合能力
《毕业设计》
《专业社会实践》
《顶岗实习》

“电器”专业能力流程

综合能力，3—5 学期
《智能断路器使用与维护》
《电器工艺知识》
《成套设备知识》

单项技术，3—4 学期
《电器产品的结构与装配》
《Auto CAD》
《电器产品测绘与计算机辅助设计》

专业基础，1—2 学期
《电工基础及仪器设备的使用》
《电子电路的分析与装配》
《机械基础与材料选用》
《工程制图》

由浅至深、逐步综合、逐步复合

“营销”能力流程

营销综合应用能力，5 学期
《产品营销》
《网络营销》

单项能力（沟通、文案），4—5 学期
《推销与谈判技术》
《电气产品销售合同、招投标文案编写》
《客户管理》

营销基础，4 学期
《市场营销理论与实务》
《市场调查与预测》

三、师资力量

电机与电器专业有专业教师 9 人，其中教授 1 人，副教授 3 人，高级工程师 2 人。该专业教师积极投身高职教育教学改革，不断创新教学模式，配合学院教学资源库建设，申报了 6 门网络课程；专业教师申报立项实践引领教材 2 本；申请真实项目立项 4 项，通过验收 3 项，《低压断路器在配电网保护中的配合应用》课程获得院优秀项目。

专业制定了课程负责制、负责人，加强对课程的建设，积极推行形成性评价，较好地发挥了考核的导学促教、信息反馈、质量检测控制与鉴定功能。对于专业基础课《电工基础及仪器设备的使用》等课程采用了教考分离的考试模式，并完成了试卷库的建设。

四、实训基地、研发平台

（一）实训基地

电机与电器专业是国家示范专业，与2003年建成的电机与电器实训基地，财政支持专项资金约280万元，实训基地面积2 822平方米，教学仪器设备总值达611万元，拥有12个实训室，与2012年申报“电器行业人才培训及技术信息服务平台”，下达经费在建“智能电器应用中心”，是集教学、科研、培训、职业技能鉴定于一体的实践教学基地。

实训基地现建有专业机房、智能控制供配电系统实训室、电机与电器装配生产线、成套电器技术实训车间、电器测绘实训室、电器特性试验实训室、智能住宅与住宅照明系统实训室等12个实训室，主要承担本系电机与电器、电气自动化技术及计算机控制技术的实训教学任务，同时也为工商系国际商务、市场营销及企业管理专业开设的《电器产品知识》课提供必要的试验实训条件。培养具有良好的职业道德，适应电器等领域，第一线需要的，从事电器产品辅助设计、成套电器设备安装与调试及电器工艺员等岗位，具有良好职业道德的高素质电器产品测绘及辅助设计、电器产品工艺员及成套电器设备安装与调试等技术型专门人才为主，同时培养部分电器装配、电器产品试验与质量检验技能型专门人才。同时为温州电器企业提供相关的技术服务。

1. 硬件条件

实训基地主要有智能住宅与住宅照明系统设备、成套电器设备、智能控制供配电系统设备及电器试验测试设备等实训设备，实训设备资产总计611.307万元，生均实训设备2.264万元。能满足电机与电器及其他专业主要课程的项目化实训需要。

2. 软件建设

（1）走廊文化建设。充分利用走廊柱子等空间，建立具有专业特色的墙面文化。包括高职理念、行业格言、实训室功能、实训项目说明、操作规程、职业行为规范等。

（2）走廊专业认知建设。通过走廊展台实物元器件、学生毕业设计作品、学生竞赛作品等的展示及相应的图文介绍，使学生在日常学习生活中加强对专业的认识与认同度，培养学生对专业的兴趣。

（3）规章制度建设。建立了实训室关于卫生、安全、管理制度等方面的规章制度。

3. 基地特色

（1）与行业对接，服务区域经济

利用专业优势资源，针对温州电器行业电器企业要求，建有真实环境的生产性基地，依照企业提供的生产流程、检验标准和装调工艺改建的生产性实训车间，将实践环节变成生产性实训过程，使学生在校园内感受企业真实生产氛围，提高校内生产性实训基地的育人功能。使之成为电器行业技能型人才的培训基地、校企合作的载体、产学结合的平台。

（2）具有完善的实训教学体系

制定了由核心岗位到核心能力，再到核心课程的课程体系构建方法，并根据行业及人才岗位调研分析，通过对工作岗位典型工作任务分析，明确行业、企业对本专业学生的职业能力要求。经专业建设指导委员会论证，确定了电机与电器专业的“多层次、多方向”人才培养目标，围绕专业培养目标，以职业能力的培养为主线，设计了多层次阶梯式技术能力培养的实践教学体系。

（3）对接名企，自选订单

与德力西、环宇等企业进行独立组班，由电器、机械、营销和财会四专业构成虚拟组班以及多企业共同组班等多样化“订单式”人才培养模式，专业人才培养模式更加多样灵活，为企业量身定制多元化优秀人才。得到了社会的广泛关注，起到了很好的社会效应。

（4）开发了先进实用的实训项目

专业组成以学院教师和专业指导委员会专家为主的，有相关高校教师及主要校外实训基地技术专家参加的编写组，编写出电机与电器专业实用的实训教材和面向企业培训用的培训教材。

（5）具有良好的运行机制

以“企业化管理，市场化运作”为指导思想，形成一个良好的校内外实训基地的运作机制，建立完整规范的规章制度，优化了实训基地的结构，建立了质量监控体系，实现了科学管理。

智能供配电系统实训室

成套电器技术实训车间

电器测绘实训室

电器特性试验实训室

智能住宅与住宅照明系统实训室

智能电器应用中心

(二)研发平台

电机与电器专业专业依托浙江省电器出口基地，建有浙江省外贸公共服务平台“电器行业人才培训及技术信息服务平台”，设有“低压电器技术培训及信息服务中心”。温州是“中国电器之都”，良好的区域优势为学院实现产学合作、工学结合提供了产业依托，为学院毕业生就业提供了保障，也为学院服务区域经济建设奠定了基础。为温州中小企业提供企业职工培训、技术咨询服务，为中小企业解决部分生产、管理等难题，进而体现高职院校的社会服务职能。

低压电器技术培训及信息服务中心主要职能包括：积极开展对企业的岗位培训，为社会提供电器相关行业的职业技能鉴定；与企业建立长期的合作关系，积极开展横向课题的研究与合作；为企业提供新标准、新工艺推广等技术服务；为企业提供行业技术交流。

五、合作名企

(一)德力西电气有限公司

德力西电气集团有限公司是一个集资本营运、品牌营运、产业营运为一体的大型集团，注册资本20亿元。集团公司现有员工20 000余人，综合实力荣登中国企业500强，位居中国民营企业500强前列。主要产业有电气制造、LED光电、能源矿业、PE投资、综合物流等。德力西的电气制造，二十多年来一直是我国电气行业的龙头企业，拥有温州、杭州、上海三大生产基地，下属企业70多家，协作企业1 000多家，在国内外设有销售网点1 600多家。德力西积极导入卓越绩效模式，坚持以质量创品牌，先后获得了中国驰名商标、中国名牌产品、全国质量管理奖等荣誉。

德力西电气有限公司是电机与电器深入合作的企业之一，也是电机与电器专业校外实训基地。本专业自2004年开始，与德力西电气有限公司进行人才培养模式的合作，办有5期订单式“德力西电器专业班”，为德力西培养了2008届曹凡同学（现担任德力西仪表公司，副厂长）及2008届黎明亮同学（德力西接触器公司，车间主任）等大量的技术骨干，并于2011年成功举办了“双元制大专班”公司员工学历培养，得到了社会的认可。“德力西电器专业班”，实现订单式培养，得到《光明日报》《温州日报》《温州晚报》以及温州电视台、温州教育频道的多次报道，取得了很好的社会效应。

（二）环宇集团有限公司

环宇集团有限公司是全国性无区域集团——中国·环宇集团的核心企业。其总部地处我国东海之滨——浙江温州北白象新工业园区，占地面积达100多亩、建筑面积约5万平方米。是目前国内主要的高、低压电器元器件、成套电气设备以及电力自动化设备制造商之一。环宇集团是中国企业500强和浙江省百强企业，公司被认定为浙江省高新技术企业，集团技术中心被认定为省级企业技术中心，具有自主知识产权的18个系列500多个新产品，其中省级新产品30多项，获得国家专利12

项，塑壳断路器 HUM8 系列被科技部列入国家“火炬”计划项目。公司已分别通过质量、环境和职业健康安全管理体系认证，主导产品均通过“CCC”国家强制认证，并全部采用 IEC 国际标准。

环宇集团有限公司是电机与电器深入合作的企业之一，也是电机与电器专业校外实训基地。本专业自 2004 年开始，与环宇集团有限公司进行人才培养模式的合作，办有 2 期订单式“环宇电器专业班”，为环宇集团有限公司培养了 2010 届谷冠鹏同学（现担任环宇集团有限公司，技术部主任），及 2006 届季勤雄同学（环宇集团有限公司，技术工程师）等大量技术骨干。

（三）欣灵电气有限公司

欣灵电气股份有限公司位于“中国低压电器之都”的柳市，是一家集科研、开发、生产、销售为一体的无区域的股份制企业。公司主要生产继电器、仪器仪表、电动机保护器、断路器、软起动器等系列产品。公司工业园占地面积 63 500 平方米，建筑面积 72 800 平方米，拥有多家合资和控股企业，旗下的“欣灵”“欣大”“GKG”等品牌在业界倍受青睐，其中“欣灵”商标已被认定为“中国驰名商标”，继电器产品被评为“国家免检产品”。

欣灵电气有限公司是电机与电器深入合作的企业之一，也是电机与电器专业校外实训基地，温州职业技术学院“产学研”合作基地。本专业自 2004 年开始，与欣灵电气有限公司进行人才培养模式的合作，办有 2 期订单式“欣灵电器专业班”。为欣灵电气有限公司培养了 2010 届陈计差同学（现欣灵电气有限公司，技术部助理工程师）等大量技术骨干。

六、专业荣誉

电机与电器专业是国家示范专业，温州市重点建设专业，温州职业技术学院特色优势专业，温州市高低压电气人才培训示范基地，建有浙江省外贸公共服务平台“电器行业人才培训及技术信息服务平台”，获得108万经费资助。

该专业现承担省级、厅（局）级课题9项，近年来完成课题31项；发明专利11项；建设有1门省级精品课程，1门市级精品课程，4门院级精品课程；建设省级重点教材1门，实践引领教材2门。

学生在历届浙江省大学生电子竞赛、全国大学生电子竞赛中多次取得二等奖和三等奖。其中浙江省高职高专院校技能大赛暨全国职业院校技能大赛选拔赛“风光互补发电系统安装与调试竞赛项目”，全省高职院校“机器人”项目技能大赛获得两项三等奖和一项二等奖。学生一次签率均超过95%，就业率均超过99%，“双证书”获取率100%。

第三节　高职工商管理企业管理专业产教协同发展

一、专业概况

工商企业管理专业于1999年设立，是温州职业技术学院国家示范重点建设工商管理专业群的主干专业。专业以温州支柱产业为依托，培养适应企业一线需要的主要从事企业采购与供应管理及人力资源管理工作的高素质技术型专门人才，同时培养部分从事物流信息服务，人力资源信息服务的高素质技能型专门人才。

专业一直秉承以学生为本的教育理念，坚持多元的人才培养质量观，因材施教，分类培养，突出实践创新能力训练，重视学生职业素养的养成教育。专业从高职学生的智力、思维类型的基本特性出发，结合温州企业一线技术型管理人才的需求实际，将相应职级的人力资源管理师、物流管理师国家职业标准内所要求的技能点、知识点进行解构，以职业活动导向进行重构后纳入整个教学过程，形成了基于岗位能力的职业活动导向的系列课程；在刚性的岗位能力课程教学进程约束下，嵌入柔性的职业拓展系列实训课程，最终构建完成了既体现高职教育类型特色又具有高教层次特征的课程体系，确保学生的岗位适应能力、岗位迁移能力、可持续发展能力、职业素养、人文素养五位一体的协调发展。

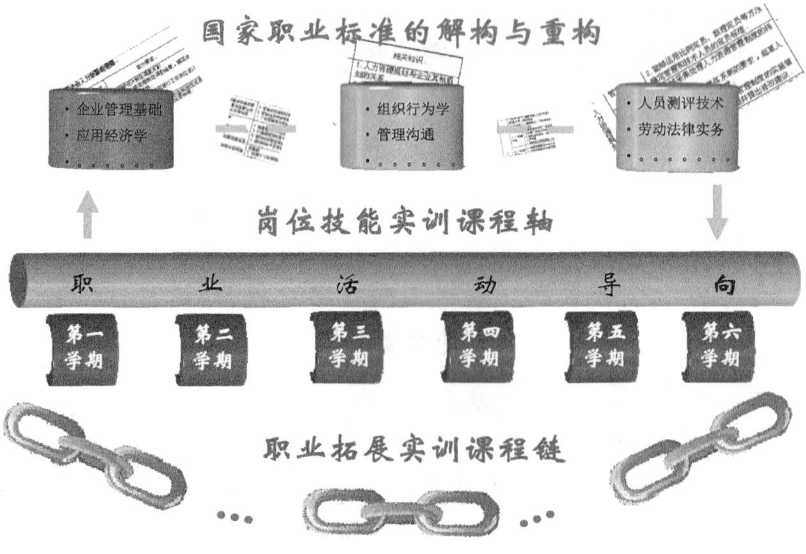

专业基于国家职业标准的课程体系构建示意图

二、培养方向

针对高职教育人才培养的特性需求和高职生源智力类型、能力类型多样化的现实，工商企业管理专业实施“双层次多方向”人才培养方案。学生在第一～三学期完成公共和专业基础课程，在第四学期开展专业分流，在第五学期进行层次分流，在第六学期留校完成毕业综合设计后进企业顶岗实习。

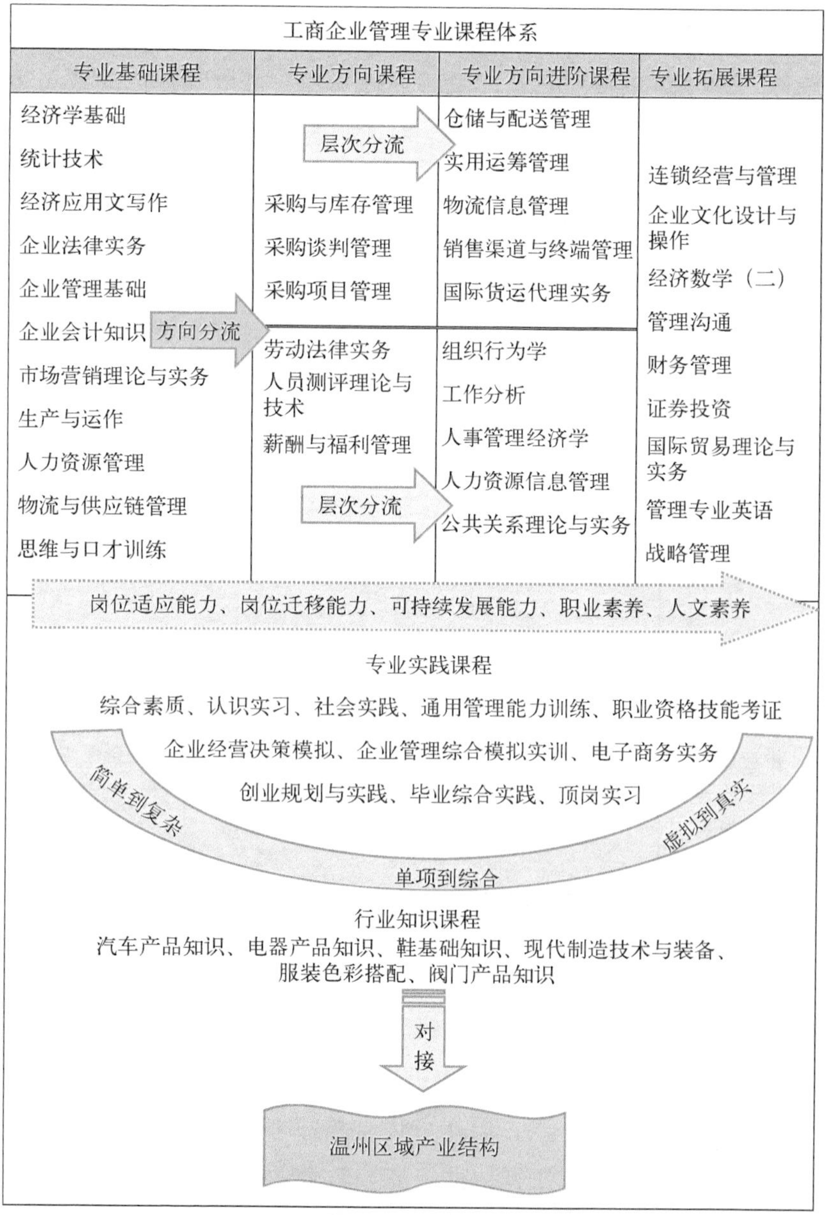

工商企业管理专业课程体系示意图

专业在培养过程实施“全程职业导师制”，学生在职业导师在引领下接受专业导入、自我认知，职业规划等多种形式的专业辅导，学生可以按照自己的意愿选择采购与供应管理方向或人力资源管理方向，并结合自己的学习能力自由组合专业方向进阶课程实现分层次的个性化教学。

专业在教学过程中积极推行项目教学、案例教学、情景教学等教学方式，教师、学生和情境三者相互交融，真正让课堂动起来。课程教学内容设计与国家职业标准无缝对接，学业结束后除毕业证书外，学生可获取人力资源管理师或物流管理师国家职业资格证书，在企业从事人力资源管理、采购管理、仓储管理等工作。

工商企业管理专业培养方向

培养方向	就业岗位		职业资格证书	颁证机构
	核心岗位	发展岗位		
采购与供应管理	采购、库存管理员	采购、物流经理	物流管理员	人力资源和社会保障部
人力资源管理	人事专员	人力资源经理	人力资源管理员	人力资源和社会保障部

三、师资力量

专业教师 12 人，其中教授 1 人，副教授 4 人，讲师 6 人；入选浙江省高校“三育人”先进 1 人，浙江省技术能手 1 人，温州市 551 人才工程 3 人，温州市优秀教师 1 人，温州市“名师名家”1 人；承担有浙江省新世纪高等教育教学改革研究项目、浙江省教育厅科研项目、温州市科技计划项目、温州市哲学社会科学规划项目和企业横向课题多项；建设有“十二五”国家职业规划教材 2 门，浙江省重点教材 2 门，省级精品课程 1 门，市级精品课程 2 门。

四、实训基地、研发平台

（一）实训基地

温州职业技术学院工商管理系实训中心两层建筑面积共约 3 000 平方米，按照“教室与实训合一”“实训与生产合一”“毕业设计与社会服务合一”的理念进行建设，建有沙盘决策模拟实训室、管理素质拓展实训室、商务礼仪实训室等专业实训室。各实训室的设施设备齐全先进，为专业的学生提供了工学结合的校内生产性实训基地。

工商管理系实训中心主要承担工商企业管理专业学生的实际操作技能实训，既可以开展各个技能项目的模拟练习，又可以在教师指导下从事生产性实训，面向社会提供服务，也可给相关公

温州职业技术学院工商管理实训中心

司作为员工培训基地，发挥社会服务功能。通过在该中心的实训，可使学生亲自体验工商管理各专业涉及实际操作的各个环节，加深学生对专业理论知识的认识和理解，将为下一步的教学和培训打下良好的基础。

1. ITMC 物流管理沙盘模拟实训室

ITMC 物流管理沙盘模拟系统通过模拟物流企业的整体运营过程，让学员通过竞标获得订单、派车提货、货物入库、货物分拣、车辆调度、线路选择、货物出库、货物到达、运费结算、车辆购置、仓库选址（配送中心建设）、资金筹措、人员招聘等战略战术和运营层面的决策与实施。在实训过程中，学生既能从战略高度来观察物流企业管理的全貌，也能从执行角度来亲身体验物流管理的主要环节，并学习如何解决实践中会遇到的典型问题。

2. 管理素质拓展实训室

通过学生在以一系列模拟的工作情境中表现出来的行为来认识自身的管理特性，不断地提升职业素养。主要有管理评价中心、无领导小组讨论、文件筐测验、角色扮演、面试模拟、团队建设与领导、QFD 产品研发、时间管理训练、供应链组建模拟等管理素质拓展实训。另外，还开设通用管理能力训练和管理互动游戏的开发与设计。

3. 综合物流实验系统

综合物流实验室属于模拟型的物流教学实验室，通过模拟真实物流商业运作为主的教学活动，同时配套辅助以虚拟银行、考试中心、EDI、WMS 等教学环境，使学生从大的教学环境到具体的教学应用能够有直观的认识，从而完成教学的认知和验证性实验任务。

（二）研发平台

专业研发平台“温州中小企业管理咨询服务中心”成立于

2012 年 10 月，服务中心作为校企合作建设的机构，主要开展企业管理咨询服务的工作，帮助温州中小企业引入现代管理方法，优化管理模式；加强管理沟通，打造核心团队；狠抓教育培训，提高企业整体素质；加强工作稽查，提升执行力；推行积极向上的企业文化，增强企业凝聚力。做好温州中小企业管理咨询相关的纵向和横向项目的科学研究工作，同时根据需要承担企业管理人员的培养工作。将研究结论和成果运用到中小企业现场管理实践中去，并在实践中有效地修正理论，从而有效地为推动温州中小企业提升竞争力服务。

目前服务方向主要有“企业诊断”“专题咨询”“顾问咨询”及“其他服务”四个方面，具体如下：

工商企业管理专业研发平台服务方向

产品诊断系列	企业内部管理诊断	专题咨询系列	企业内部管理整体解决方案
	企业文化理念与现状测评		企业人力资源管理专题咨询
	员工满意度调查		企业文化建设专题咨询
	客户满意度调查		企业治理结构专题咨询
顾问咨询系列	长期管理顾问	其他服务系列	人力资源管理外包
	长期专题管理顾问		培训外包服务
	项目管理顾问		“咨询”式培训

五、合作名企

（一）奥康集团

专业与奥康集团合作办学，开设“奥康虚拟订单班”，依托行业龙头企业，定向培养高职学生，办出了高职特色，成为专业建设的一大亮点。

奥康集团是中国领先的零售服务运营商，经过 25 年的发展，现已成为中国最大的民营制鞋企业之一，于 2012 年 4 月 26 日在上海证券交易所 A 股主板正式挂牌上市，是北京 2008 年奥运会皮具产品供应商，奥康品牌价值达 147.85 亿元。集团建立了两大研发中心、三大制造基地、5 000 多个营销网点，拥有奥康、康龙、美丽佳人、红火鸟四个自有品牌，并于 2010 年成功收购了意大利品牌万利威德（valleverde）的大中华区品牌所有权，形成了纵向一体化的经营模式。根据国家统计局公布的信息，企业连续四年位列中国工业行业效益十佳企业第一位。主导产品获得“中国真皮领先鞋王”“中国驰名商标”首批“全国重点保护品牌”等荣誉。

（二）德邦物流

专业与温州德邦物流建立紧密的校企合作关系，在企业创立“教学、实践、就业”三位一体校外实践基地，通过校园专场招聘，多名毕业生已经成长为德邦物流的区域经理、门店经理等基层管理骨干。

德邦物流是国家“AAAAA”级物流企业，主营国内公路运输业务。截至 2014 年 2 月，公司已开设直营网点 4 300 多家，服务网络遍及全国，自有营运车辆 8 700 余台，全国转运中心总面积超过 92 万平方米。曾荣获中国物流杰出企业、中国物流业品牌价值百强企业、中国物流业最佳雇主、中国十佳电子商务服务商、中国管理模式杰出奖等多项国家级荣誉称号。

公司秉承“承载信任、助力成功”的服务理念，保持锐意进取、注重品质的态度，强化人才战略，通过不断的技术创新和信息化系统的搭建，提升运输网络和标准化体系，创造最优化的运载模式，为广大客户提供安全、快速、专业、满意的物流服务。一直以来，公司都致力于与员工共同发展和成长，打造人企双赢。在推动经济发展，提升行业水平的同时，努力创造更多的社会效益，为国民经济的持续发展，和谐社会的创建做出积极贡献，努力将德邦打造成为中国人首选的国内物流运营商，实现“为中国提速”的使命。

六、专业荣誉

专业学生在历届全国大学生沙盘模拟大赛中获得国家一等奖2项，国家二等奖1项，国家三等奖1项，浙江省一等奖2项，浙江省二等奖6项；在浙江省高校学生职业技能大赛“现代物流—储存与配送作业优化设计和实施”中获二等奖2项，技能竞赛成绩名列全省高职高专学校前茅。

专业毕业生学生一次签协率均超过90%，就业率均超过98%，“双证书”获取率100%，用人单位满意度超过95%。

第四节　高职工程造价专业产教协同发展

一、专业概况

工程造价专业对接浙江建筑业，依托温州建筑工程造价行业，与温州工程造价协会及温州工程造价骨干企业合作，培养具有良好的职业道德，适应工程造价第一线需要，从事工程预算、工程结算、工程造价索赔及管理等工作的高素质技术型专门人才，同时培养部分从事工程计量、工程招投标工作的高素质技能型专门人才。

工程造价专业紧扣校企合作、工学结合这个核心，结合本专业及相关行业企业的特点，以工程造价专业职业岗位的能力要求为依据、以职业岗位的真实工作为基础，采取“教学工场＋专业工作室＋企业顶岗”三层次的“产学对接，校企联动”的人才培养模式。

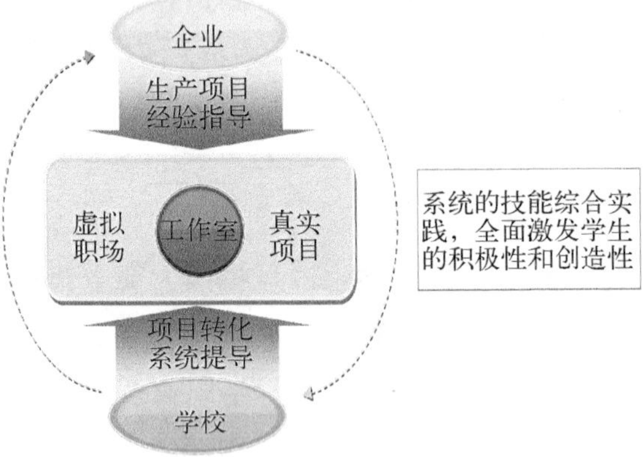

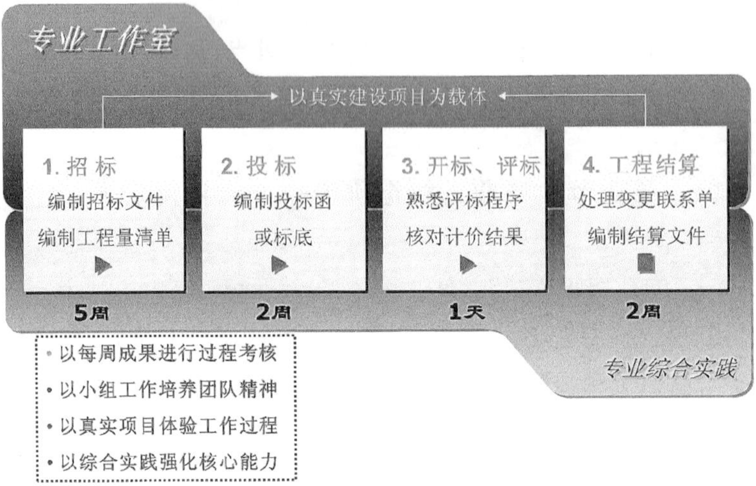

工程造价专业人才培养模式

二、培养方向

工程造价专业毕业生可获造价员执业资格证施工员资格证、安全员资格证、资料员资格证、材料员资格证、质检员资格证、制图员证、测量员证等职业资格证书，从事工程计量计价、编制招标文件，跟踪和办理各类招标手续，执行工程造价全过程管理相关任务等工作。

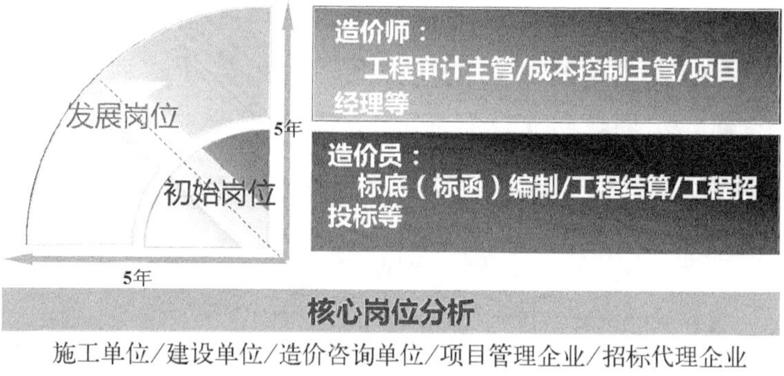

工程造价专业核心岗位

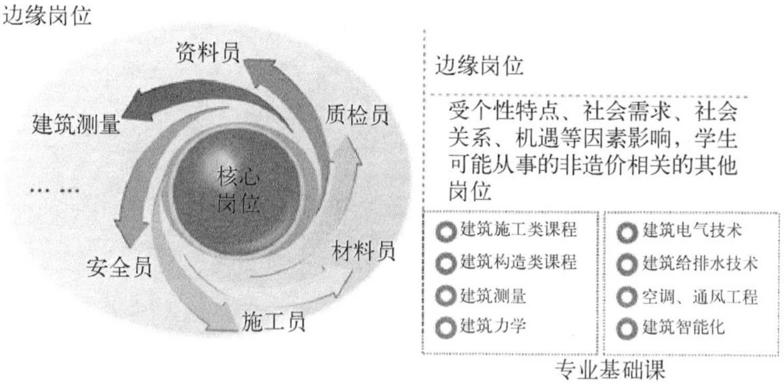

工程造价专业迁移岗位

三、师资力量

工程造价专业有专任教师7人，其中副教授1人，高级工程师3人。专业建设有项目管理科技服务平台、工程造价科技服务平台，每年科技到款100余万元，专业承担温州市国家造价员考试培训，每年培训学员400余人次，建设有多门省、市、院级精品课程。

四、实训基地、研发平台

（一）实训基地

工程造价专业2001年建成的建筑造价实训中心，主要供建筑造价专业使用，并对外开展服务。实训基地面积 4 081 平方米，教学仪器设备总值 283.78 万元，拥有 22 个实训室，是集教学、科研、培训、职业技能鉴定于一体的实践教学基地。

造价实训中心

装饰构造实训室

实训基地现设有造价实训室、建筑构造实训室、建筑装饰实训室、建筑设备实训、图文设计制作实训室、模型设计制作实训室、制图室等 22 个实训室，主要承担工程造价专业教学任务，培养学生适应经济发展需要，系统掌握工程造价的基本理论知识和专业操作技能。能同时容纳 200 多名学生实训和技能考证。

基地建设理念：立足温州经济社会发展对人才的需求，以建筑工程造价专业职业岗位的能力要求为依据、以职业岗位的真实工作为基础，建立了与实际生产环境一致的“学做合一”的校内建筑设计实训基地，实现了“课堂与实训点合一”“生产与实训合一”“毕业设计与应用技术开发合一”，使学生在“边教边学、边学边做”中实现教学和实训、生产的互动，有效落实学生基本技能的实验和实训。

（二）研发平台

1. 温州职业技术学院工程项目管理服务中心

工程项目管理服务中心主要对外开展工程造价编制与审核、

项目管理技术服务中心

招投标代理、全过程造价管理、造价员培训、工程项目管理等业务，每年科技到款额40余万元。

2. 工程造价技术服务中心

工程造价技术服务中心主要承接工程造价编制与审核、全过程造价管理等业务，每年科技到款额60万余元。

工程造价技术服务中心

五、合作名企

（一）浙江金穗工程项目管理有限公司

浙江金穗工程项目管理有限公司成立于1998年5月，是温州市首家建设部核准的具有工程造价咨询和工程招标代理双甲级资质的工程专业中介服务机构，公司注册资金500万元。公司下设六个分公司。公司以雄厚的技术力量、良好的团队协作、健全的管理系统、规范的操作行为，使业务量始终保持稳健增长，服务遍及温州市区、各县乃至外省市，受到建设行政主管部门和行业协会的表彰。近两年，共完成各类大小项目1 100多项，工程造价金额累计 100 多亿元；2007 年，公司入围浙江省十佳造价咨询企业和全国百强造价咨询企业。

（二）温州浦发工程造价咨询事务所有限公司

温州浦发工程造价咨询事务所有限公司成立于 1997 年 8 月，是由原温州浦发建筑工程审价咨询中心改制成立，具有独立法人资格的工程造价咨询机构。

公司现具有省建设厅批准的工程造价咨询甲级资质。公司业务包括建设项目建议书、可行性研究、投资估算的编审和项目的经济评价、工程概预决算、竣工结算、工程招标、标底等。专业涉及建筑、装饰、安装、市政、园林等。拥有一支基础扎实、经验丰富、通晓工程概预算定额及相关法规的专业队伍。公司员工共计 35 人，其中高级工程师 3 人，中级工程师 11 人，国家造价工程师 10 人，造价员 11 人。是一个知识密集型，全面性提供高层次智力服务的专业群体。近三年完成1 430 多项政府投资项目的竣工结算审核，接受各业主委托的工程量清单及标底编制 300 多项。积累了丰富的财政项目评审的经验。完成了一系列难度较大的工程审核和编制工作，得到了业主的肯定和好评。其代表性项目为：温州市大南门附二医地道工程、大剧院景观和配套工程、江滨路防洪堤滨水景观工程、绕城高速公路鹿城段市政配套工程、温州蔬菜批发市场工程。

六、专业荣誉

工程造价专业学生在历届全国大学生 BIM 大赛中获得一二三等奖、在浙江省大学生工程造价技术竞赛中获二三等奖，在浙江省大学生测量技术竞赛中获二三等奖，名列全省高职高专学校前茅。学生一次签协率均超过 95%，就业率均超过 99%，“双证书”获取率达 100%。

第五节　高职建筑设计技术专业产教协同发展

一、专业概况

建筑设计技术专业是温州职业技术学院特色优势建设专业，依托温州建筑设计行业，与温州市建筑设计企业合作，培养具备良好职业道德，适应温州建筑设计行业第一线需要的，从事建筑方案设计、建筑施工图设计、建筑景观设计和建筑表现图设计等岗位工作的高素质技术技能型专门人才。

二、培养方向

建筑设计技术专业主要培养方向为建筑设计、建筑表现、景观园林三个方向，专业实践“职业能力导向”的人才培养模式，以工程项目实践为主线，构建了“工学交替、闲暇顶岗”的高技能人才培养方案；在课程体系建构中贯彻“基于工作过程”和“真实项目”的教学思想，突出工学结合，以适应企业对建筑设计人员的知识、能力、素质要求。

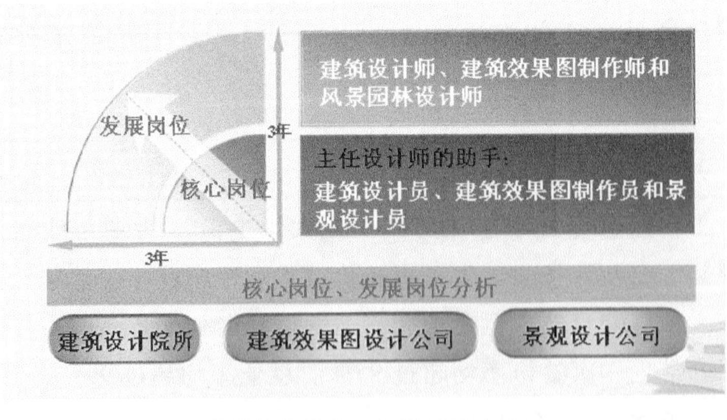

建筑设计技术专业的岗位定位

三、师资力量

专业教师8人，其中国家一级注册建筑师3人，高级工程师4人，硕士3人；教师年龄结构合适，具有丰富设计实践经验的教师占教师总人数的半数以上。

四、实训基地、研发平台

（一）实训基地

建筑设计技术专业已建有31个校内实训室，如建筑构造实训室、图文设计制作实训室、效果图设计实训室、建筑设计实训室、建筑结构实训区、建筑设备实训室、专业画室等。校内实训基地教学仪器设备先进，已有300多万资产，能够满足教学需要。所有需要实训的课程均已经开出，实验实训开出率达到100%。

（二）研发平台

建筑设计技术专业利用学院提供的场地和设备，引进、创办了若干经济实体和研究、服务机构，如澳门上大国际设计机构，温州职业技术学院建筑设计研究院、建筑装饰设计中心、房地产咨询与服务中心等。通过校企合作共建生产性实训基地，促进了建筑设计技术专业理论知识学习与实践能力培养紧密结合、教学与生产紧密结合、师生与一线技术人员紧密结合，推进“教学工厂+工作室+企业”人才培养模式改革。

五、合作名企

（一）温州市城市规划设计研究院

温州市规划设计院拥有固定资产1 600多万元，办公场所4 700余平方米。现具有城市规划编制甲级、建筑工程设计甲级、园林景观设计乙级，市政行业（道路工程、给水工程、排水工程、桥梁工程）工程设计乙级、旅游规划设计乙级、文物保护工程勘查设计乙级资质，是浙中南地区唯一具有规划和建筑工程双甲级设计资质的综合性设计院。

（二）浙江中维建筑工程设计有限公司

浙江中维建筑工程设计有限公司成立于2008年元月，是温州设计规模企业中最具实力的新秀之一。公司注册资金500万元，现具备国家建筑设计乙级资质。公司毗邻温州火车站商圈，坐拥温州车站大道高联大厦7楼1 800平方米的CBD高档办公区。公司服务主营：建筑工程设计、市政工程设计，兼营：景观设计、装修设计、工程技术咨询、工程项目全过程管理服务。

六、专业荣誉

建筑设计技术专业学生积极参加省级职业技能竞赛，在"浙江省大学生建筑制图竞赛""全国高等院校学生斯维尔杯BIM系列建筑建模大赛"中取得优异成绩。近5年来共获得全国二等奖2项，三等奖2项；浙江省二等奖2项，三等奖3项。

第六节　高职鞋类设计与工艺专业产教协同发展

一、专业概况

鞋类设计与工艺专业是国家示范建设院校重点专业、学院特色专业，建有浙江省制鞋工艺及鞋机专业示范实践教学基地，温州市鞋类高技能人才公共实训基地、全国鞋类师资培训基地、温州市鞋革行业科技创新公共服务平台。专业依托温州鞋类产业优势，为鞋类企业输送鞋类产品开发人才。

二、培养方向

鞋类设计与工艺专业对接浙江轻工产业，依托温州鞋革行业，与温州区域鞋类骨干企业合作，培养具有良好职业道德、适应鞋革行业第一线需要的鞋类样板开发、鞋类款式设计、鞋类生产管理等高素质的技能型专门人才为主，同时，培养从事鞋类技术营销（电子商务）、鞋类科技管理、鞋类技术创新等高素质技术型人才。

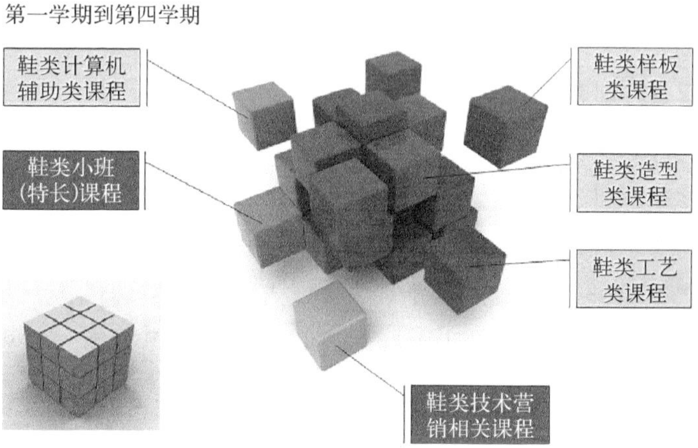

鞋类专业课程体系架构

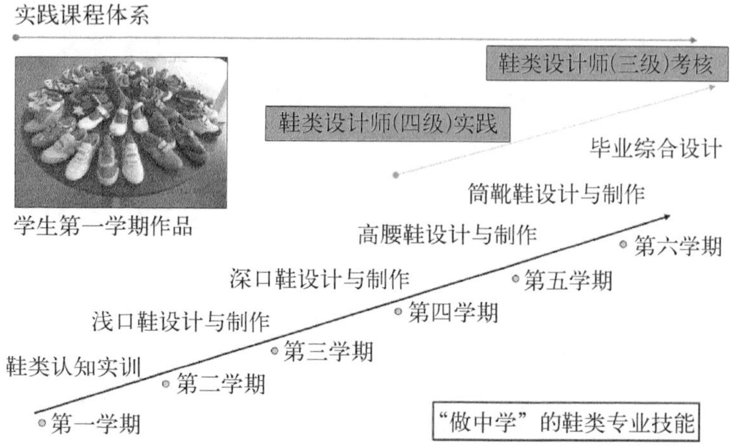

三、师资力量

专业教师10人，拥有教授3人（包括1名国家级教学名师），讲师5人，技师1人；承担有浙江省科技厅项目、浙江省教育厅项目、温州市科技计划项目和企业横向课题多项，专利45项；建设有2门省级精品课程，国家精品教材、国家十二五规划教材各1部。

四、实训基地、研发平台

（一）实训基地

鞋类设计与工艺专业的鞋类实训基地是温州市鞋类高技能人才公共实训基地，是为了适应温州产业转型升级，针对温州支柱产业之一的鞋类行业而设置的高技能人才公共实训机构，是引领产业技术升级的有效载体之一。公共实训基地以鞋类专业资源为基础，开展技能（技术）培训、高技能实训、技术研发、技术服务等工作。建有专业基础课实训室和专业课实训室。

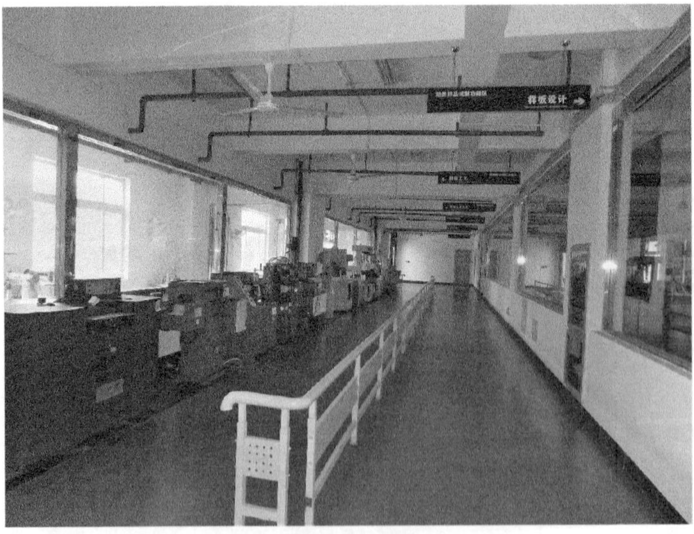

鞋类实践装备

学生实践场所

（二）研发平台

鞋类设计与工艺专业的鞋类研发平台温州市鞋革行业科技创新公共服务平台，建有鞋类应用研究功能区、鞋类研发设计功能

鞋类设计与工艺专业人体力学实验室

区、鞋类样品试制功能区、鞋类成果转化功能区等四个功能区。2010年以来，先后成为意尔康股份有限公司、康奈集团有限公司、红蜻蜓鞋业有限公司等6家国内名企（行业骨干企业）的技术支持单位。

五、合作名企

（一）康奈集团

康奈集团有限公司创办于1980年，是经国家工商行政管理局核准成立的无区域企业集团。主营中高档康奈牌皮鞋，兼营涉及皮件、服饰、内衣、商贸、自营出口等领域。企业现有员工5 000多名，固定资产4亿元，占地160亩，拥有国际一流水平的制鞋工艺和装备，年产中高档皮鞋规模达700多万双。

康奈集团有限公司现已成为中国轻工业联合会常务理事单位、中国皮革工业协会副理事长单位、中国质量管理协会理事单位、中国制鞋专业委员会副主任单位，全国质量效益型（200强）先进企业，浙江省“五个一批”优秀重点骨干企业，浙江省皮革制品制造业最大规模实力和最佳经济效益企业、ISO9002质量体系和ISO14000环境管理体系认证企业。

（二）意尔康鞋业集团

意尔康鞋业集团是一家主营设计、生产和销售中高档真皮皮鞋业务的公司。集团现有占地面积达100余亩的现代化意尔康工业园，以及国内领先的皮鞋产品研发设计中心、营销中心及生产中心。集团共有从业员工15 000余人，采用高科技流水生产设备，严格执行ISO9001国际质量管理体系和ISO14001环境管理体系，并通过了ISO9001：2000质量体系认证，确保了卓越的生产效率和优异的产品质量。

集团重视产品研发和自主创新，高薪聘请全国知名设计师进行产品结构的优化整合，形成了经典、魅力、都市、休闲等多种风格的男士皮鞋产品系列和时尚。2001 年，集团开始全面推行专卖特许加盟的销售模式，在全国建有数千家专卖店，并建立了一支素质精良的品牌营销队伍，进行差异化的品牌传播和精细化的产品营销。历经多年的消费积淀，意尔康品牌已在广大消费者心目中拥有了声誉卓著的口碑。

六、专业荣誉

鞋类设计与工艺专业专业学生在历届国家级、省级鞋类大赛中均取得金奖、银奖，学生一次签协率均超过 95%，就业率均超过 99%，“双证书”获取率达 100%。

参 考 文 献

［1］温州市统计局：《温州统计年鉴 2002—2013》，http：//www. wzstats. gov. cn。

［2］蒋义：《我国职业教育对经济增长和产业发展的贡献》，财政部财政科学研究所，2010 年。

［3］练晓荣：《经济结构与高等教育结构的协同发展研究——以福建省为例》，福建师范大学，2009 年。

［4］蒋笃运：《产业结构与高等教育专业结构关系研究》，高等教育出版社 2008 年版。

［5］王守龙：《承接产业转移背景下的安徽职业教育研究》，《安徽商贸职业技术学院学报》2011 年第 4 期。

［6］汪培庄：《模糊集合论及其应用》，上海科学技术出版社 1983 年版。

［7］L. A. Zadeh，"Fuzzy Sets"，*Information and Control*，No. 8，1965.

［8］张德利、郭彩梅、吴从炘等：《模糊积分论进展》，《模糊系统与数学》2003 年第 4 期。

［9］马鸿、张捷、王玉静等：《模糊测度与模糊积分的应用》，《沈阳大学学报》2003 年第 2 期。

［10］赵光辉：《人才结构与产业结构互动的一般规律研究》，《商业研究》2008 年第 2 期。

［11］杨益民：《人才结构与经济发展协调性分析的指标及应

用》，《安徽大学学报》2007 年第 1 期。

[12] 唐斌、黄娟、黄小勇：《工业化进程中产业结构对劳动力就业结构偏离效应的实证研究——以江西为例》，《江西社会科学》2010 年第 6 期。

[13] 杨晓云：《三峡库区产业结构与就业结构匹配度及协调发展研究——基于 2000—2008 年数据分析》，《农业现代化研究》2010 年第 3 期。

[14] 常丽：《辽宁产业结构与就业结构协同性实证研究》，《中国科技论坛》2010 年第 1 期。

[15] 陈民恳：《宁波市产业结构与就业结构的协调性分析》，《百科论丛》2009 年第 2 期。

[16] 李博、解东辉：《温州新兴产业短缺性人才供需模型研究》，《价值工程》2006 年第 10 期。

[17] 张少平、张军民：《新疆人才结构与产业结构协调性研究》，《农村经济与科技》2009 年第 7 期。

[18] 张明：《基于产业——就业结构变迁的人力资本投资决策》，《宏观经济管理》2010 年第 4 期。

[19] Colin, M. A. Clark, *The Conditions of Economic Progress*, London: Macmillan Co. Ltd, 1940.

[20] Elisa Barbour, *Metropolitan Growth Planning in California, 1900 – 2000*, San Francisco: Public Policy Institute of California, 2002.

[21] Edward J Feser, Kyojun Koo, et al., *Incorporating Spatial Analysis in Applied Industry Cluster Studies*, 2001 (on-line).

[22] 吴中伦、陈万明：《构建区域人才结构评价指标体系推动区域经济可持续发展》，《中国人才》2009 年第 5 期。

[23] 张萍：《山东省产业结构优化升级研究》，天津财经大学，2009 年。

[24] 李悦、李平:《产业经济学》，东北财经大学出版社2002年版。

[25] 菊莲:《论产业结构及相应的人才结构调整》,《北方经济》2007年第5期。

[26] 罗文标、黄照升:《产业结构调整过程中人才结构的构建》,《科技进步与对策》2004年第7期。

[27] 张平、李世祥:《中国区域产业结构调整中的障碍及对策》,《中国软科学》2007年第7期。

[28] H Haken, *Advanced Synergetics: Instability Hierarchies of Self — Organizing Systems and Devices*, New York: Springer - Verlag, 1993.

[29] 郭治安:《协同学入门》，四川人民出版社1988年版。

[30] 唐志鹏、刘卫东、刘红光:《投入产出分析框架下的产业结构协调发展测度》,《中国软科学》2010年第3期。

[31] 郭显光:《改进的熵值法及其在经济效益评价中的应用》,《系统工程理论与实践》2008年第12期。

[32] 赵曙明:《人力资源管理研究新进展》，南京大学出版社2002年版。

[33] 洪成文:《国外大学经费筹措的主要方式》,《高等教育研究》2000年第3期。

[34] 穆瑞杰:《高等教育经费投入状况研究》，《经济经纬》2000年第3期。

[35] 袁韶莹:《必须保证高等教育的投入》，《吉林教育科学》1995年第2期。

[36] 李昭玲、毕东明:《对教育投入的再认识》,《中国高教研究》1999年第5期。

[37] 冯惠敏、王碧云、黄明东:《优化教育资源配置，发展高等教育》,《世界科技研究与发展》2000年第4期。

［38］余秀兰:《略论教育消费》,《高等教育研究》2000年第3期。

［39］堵根生、沈荣华:《知识经济与人力资源》,上海交通大学出版社2001年版。

［40］杨德广:《发展教育产业的必要性和现实意义》,《高等教育研究》1999年第6期。

［41］孟明义:《高等教育不能产业化》,《高等教育研究》1999年第6期。

［42］孙喜亭:《教育具有“产业”属性,但教育不是“产业”》,《高等教育研究》2000年第2期。

［43］张建华、许宏:《教育产业化问题辨析》,《高等教育研究》1999年第6期。

［44］范中杰:《教育产业略论》,《中国高教研究》1999年第6期。

［45］俞莉、杭敬、路正南:《中国产业国际竞争力的比较优势》,《统计观察》2004年第12期。

［46］蓝庆新、王述英:《论中国产业国际竞争力的现状与提高对策》,《经济评论》2003年第1期。

［47］许正中:《跨越中国经济战略转型》,中国财政经济出版社2009年版。

［48］赵冬初:《我国自主创新能力的现状！成因及对策》,《湖南大学学报(社会科学版)》2009年第5期。

［49］孙晓峰:《自主创新财政支持的理论基础与政策选择》,《财经问题研究》2008年第6期。

［50］余祖光、陈光:《增强职业教育吸引力的问题研究》,《中国职业技术教育》2009年第34期。

［51］孔奕雯:《浅析我国知识产权保护的现状及对策》,《法制与社会》2008年第3期。

［52］陈泉江：《提高我国自主创新的制约因素及对策思路》，《理论建设》2008 年第 4 期。

［53］陶用之：《提高我国高技术产业专利产出水平的对策研究》，《科技进步与对策》2006 年第 4 期。

［54］吕铁、贺俊：《关于“十二五”时期我国产业结构调整的思考》，《中国经济导刊》2009 年第 14 期。

［55］蔡国栋：《我国产业结构升级的瓶颈及其突破思路》，《金融与经济》2009 年第 6 期。

［56］张凤龙：《我国产业升级问题研究》，《农业经济》2009 年第 1 期。

［57］史伟民：《论产业结构升级与自主创新》，《北方经贸》2008 年第 7 期。

［58］蒋乐：《论国际产业转移过程中我国产业面临的机遇与挑战》，《现代商贸工业》2009 年第 12 期。

［59］雷鸿：《我国高新技术产品出口的现状及提高竞争力》，《现代企业》2008 年第 7 期。

［60］武海峰、牛勇平：《我国高技术产业国际竞争力分析》，《山东社会科学》2009 年第 7 期。

［61］周劲松、李怡：《高等职业教育经费投入现状分析及对策研究》，《教育与职业》2007 年第 35 期。

［62］朱静颖、夏金星：《高等职业教育成本补偿问题的会计学分析》，《职教论坛》2005 年第 34 期。

［63］阿卜杜勒·阿卜杜兰：《马来西亚的技术和职业教育：世纪之交的国际职业教育》，高等教育出版社 1999 年版。

［64］郭扬、胡秀锦：《职业教育经费保障机制的构建与思考》，《教育发展研究》2009 年第 1 期。

［65］迈尔克·波特著，李明轩、邱如美译：《国家竞争优势》，华夏出版社 2002 年版。

［66］陈左：《国际竞争力理论及其启示》，《经济问题》1998年第8期。

［67］王晓玉：《国外生产性服务业积聚研究评述》，《当代财经》2006年第3期。

［68］吕政、刘勇、王钦：《中国生产性服务业发展的战略选择》，《中国工业经济》2006年第8期。

［69］夏杰长：《我国生产型服务业发展的差距、潜力与对策研究》，《中国经济导刊》2009年第2期。

［70］李实、丁赛：《中国城镇教育收益率的长期变动趋势》，《中国社会科学》2003年第6期。

［71］罗楚亮：《城镇居民教育收益率及其分布特征》，《经济研究》2007年第6期。

［72］吕炜、王伟同：《中国公共教育支出绩效：指标体系构建与经验研究》，《世界经济》2007年第12期。

［73］许玲丽、冯帅章、陈小龙：《成人高等教育的工资效应》，《经济研究》2008年第12期。

［74］杨俊、黄潇、李晓羽：《教育不平等与收入分配差距：中国的实证分析》，《管理世界》2008年第1期。

［75］姚先国、张海峰：《教育、人力资本与地区经济差异》，《经济研究》2008年第5期。

［76］于凌云：《教育投入比与地区经济增长差异》，《经济研究》2008年第10期。

［77］祝树金、虢娟：《开放条件下的教育支出！教育溢出与经济增长》，《世界经济》2008年第5期。

［78］白雪梅：《教育与收入不平等：中国的经验研究》，《管理世界》2004年第6期。

［79］陈丹、楼世洲：《我国职业教育经费筹措的多元化渠道》，《中国职业技术教育》2005年第29期。

［80］陈尚、唐斌：《我国高等职业教育经费投入现状及对策》，《职业教育研究》2008 年第 10 期。

［81］黄龙威：《职业教育协调发展研究》，湖南人民出版社 2005 年版。

［82］陈宇：《技能振兴：战略与技术》，中国劳动社会保障出版社 2009 年版。

［83］陈衍、李玉静等：《2008 职业教育国际竞争力报告》，东北师范大学出版社 2008 年版。

图书在版编目（CIP）数据

温州高职教育与区域产业协同发展研究/黄云碧著.
—上海：上海社会科学院出版社，2015
（温州学术文库）
ISBN 978－7－5520－0876－0

Ⅰ. ①温… Ⅱ. ①黄… Ⅲ. ①高等职业教育—关系—区域经济发展—研究—温州市 Ⅳ. ①G719.2 ②F127.553

中国版本图书馆 CIP 数据核字（2015）第 192189 号

温州高职教育与区域产业协同发展研究

著　　者：黄云碧
责任编辑：林凡凡
特约编辑：黄希丹
封面设计：黄婧昉
出版发行：上海社会科学院出版社
上海淮海中路 622 弄 7 号　电话 63875741　邮编 200020
http://www.sassp.org.cn　E-mail:sassp@sass.org.cn
排　　版：南京展望文化发展有限公司
印　　刷：江苏凤凰数码印务有限公司
开　　本：710×1010 毫米　1/16 开
印　　张：11
插　　页：2
字　　数：132 千字
版　　次：2015 年 9 月第 1 版　2015 年 9 月第 1 次印刷

ISBN 978－7－5520－0876－0/G·418　定价：38.00 元